U0674086

社会主义核心价值体系建设
"双百"出版工程
项 目

/ 100 位
新中国成立以来感动中国人物/

徐 虎

林华岚/编著

吉林文史出版社

《100位新中国成立以来感动中国人物》丛书

★★★★★

编 委 会

前 言

每个人的心中都多少有一点英雄情结，都向往英雄、景仰英雄。也正因此，在中华人民共和国建国六十周年之际，由中央十一部委联合组织开展的"100位为新中国成立作出突出贡献的英雄模范人物和100位新中国成立以来感动中国人物"的评选活动中，群众参与投票总数近一亿。这其中的每一张选票，都表达了人们对英雄模范的崇敬之情，寄托着对伟大祖国的美好祝福。

一个民族不能没有英雄，否则这个民族就不会强大。当国家危难之时，懦弱者选择了逃避、妥协甚至投降，英雄们却挺身而出，用热血捍卫民族的尊严，人民的幸福。在创立和建设新中国的伟大历程中，涌现出无数可歌可泣的英雄模范人物。他们之中，有为了民族独立和人民解放而英勇牺牲的革命先烈，有为了党和人民的事业而不懈奋斗的优秀共产党员，有在全民族抗战中顽强奋战、为国捐躯的爱国将士，有英勇杀敌的战斗英雄和革命群众，有积极从事进步活动的著名民主爱国人士和国际友人……他们是民族的脊梁、祖国的骄傲，是激励全体人民团结奋斗的精神力量。

《100位新中国成立以来感动中国人物》丛书，就像一部星光璀璨的英雄谱，真实、完整地记录了英雄模范人物不平凡的一生，再现了他们非凡的人格魅力和精神世界。舍身堵枪眼的黄继光，拼命也要拿下大油田的王进喜，中国原子弹之父邓稼先，新时期领导干部的楷模孔繁森……一串串闪光的名字，一个个动人的故事，犹如群星闪烁，光耀中华。

当今中国正处于伟大变革的时代，迫切需要涌现出一大批勇于承担历史使命、为祖国和人民奉献一切的先进人物。在"双百"人物崇高精神的引领下，在建设社会主义现代化国家的征程中，必将英雄辈出。

生平简介

　　徐虎，男，1950 年 12 月生，汉族，上海嘉定县长征乡（今上海市普陀区长征镇）人，大专文化程度。1969 年 12 月参加工作，1975 年 5 月被分配到普陀区房管系统工作，1986 年 4 月加入中国共产党，现从上海西部企业集团物业总监岗位退休。

　　徐虎自从事水电维修工作以来，踏实肯干，服务周到，深受广大人民群众的欢迎和喜爱。他制作的 3 只"特约报修箱"常年挂在居委会、电话间墙上，每天晚上 7 点徐虎准时打开报修箱，义务为居民修理 2100 余处故障，花费了 7400 多小时的业余时间。有 8 个除夕夜，他都是在工作一线度过，被群众亲切地称为"晚上七点的太阳"。徐虎主动带徒，手把手地将自己的专业技能和服务理念传授给徒弟，形成了广泛的"徐虎效应"。此后，他又开通了 24 小时"徐虎热线"，10 余年间，每年都要接到各类报修、咨询电话 30000 个左右，在上海各行各业的服务热线中，"徐虎热线"的知名度、美誉度始终名列前茅。1998 年以后，徐虎开始从事管理工作，从普通的水电维修岗位到企业管理岗位，他坚持角色变了，为民服务的信念不变，一如既往地用自己的敬业、钻研和奉献精神，积极钻研物业管理和现代经营管理理论，结合实践撰写了多篇具有前瞻性和可操作性的研究论文。

　　徐虎曾于 1986 年、1988 年两次被评为上海市劳动模范，1989 年、1995 年、2000 年三次被评为全国劳动模范，1996 年 5 月和 7 月相继被评为全国优秀工人代表和全国优秀共产党员。1997 年作为党员代表光荣出席了党的十五大，曾被党和国家领导人江泽民、胡锦涛等接见。

　　全国劳动模范、共产党员徐虎，在水电修理工的平凡岗位上，长期积极主动地为居民排忧解难，用"辛苦我一人，方便千万家"的精神，谱写了一曲新时代的雷锋之歌，他被誉为 20 世纪 90 年代的活雷锋。

1950-

[XUHU]

◀ 徐 虎

目 录 MULU

一个普通公民的精神海拔（代序）

　　我们生活在同一个物质时代，但不一定有同样的精神海拔。本文主人公徐虎，虽然起了一个很普通的名字，但他以一名普通水电维修工的身份，倡导着"辛苦我一人，方便千万家"的职业精神，并使这种精神浸润着大上海的每个角落，弘扬出高昂而低调的"徐虎精神"薪火相传，生生不息，成为上世纪80年代以来上海人民心中的一位英雄。

　　徐虎曾经以夜间义务挂箱服务的方式，成为全国房管行业的标兵和新时期学习楷模。他1975年5月分配到上海普陀区房管系统工作，1986年4月加入中国共产党，退休前任上海西部企业集团物业总监。他两次被评为上海市劳动模范，五次被评为全国劳动模范。1996年徐虎相继被评为全国优秀工人代表和全国优秀共产党员，第二年他作为上海党员代表出席了党的十五大。2009年9月，在举国喜迎共和国成立60周年之际，徐虎光荣地被评为"100位新中国成立以来感动中国人物"和"时代领跑者——新中国成立以来最具有影响力的劳动模范"，赴京出席"双百"人物座谈会、颁奖典礼和国庆阅兵，受到胡锦涛等党和国家领导人的亲切接见。

　　人一旦立志，自己内心就有了一个永远神往的地方，就应以自强不息的精神去进取。当年虎虎有生威的徐虎，把智慧和活力播进沃土，把汗水和体力洒满行程，闯出一条"以平凡孕育伟大，以平凡铸就辉煌"的人生道路。所谓"德不优者，不能怀远；才不大者，不能博见"，徐虎恪守德业兼修，日日精进，才让自己能接近完美。

江泽民同志曾经对徐虎有过这样的勉励："为人民服务点滴做起，贵在坚持。"徐虎成名后，西部集团1996年开通了旨在为普陀区居民服务的24小时"徐虎热线"。这条热线迅速蹿红，徐虎非常看重和珍视以自己名字命名的这条热线，除了为居民释疑解难，提供咨询服务外，徐虎的办公室和家庭电话，也都成了服务人民的热线。在他眼里，为人民服务是一种本能，从没有上班下班、分内分外的区别。可以这样说，在上海各行各业的服务热线中，"徐虎热线"的美誉度始终名列前茅。热线开通9年中，每年街道的各类物业报修、咨询电话高达30000个，"徐虎热线"几乎成为社会和谐及行业形象的代名词。

一段时期以来，"最美教师"、"最美警察"、"最美妈妈"、"最美司机"、"最美护士"等"最美人物"的"最美事迹"在中华大地广泛传颂，"最美"已成为时代的崇尚。人民群众对他们的赞美和推崇，反映了人们内心对社会风尚和价值的一种企盼，对社会道德和良知的一种期许。时代英雄是指在一定的社会历史时期，对广大人民群众的思想、观念和行为产生巨大影响，值得人们学习和尊敬的典型人物。人们之所以呼唤更多的徐虎出现，正是因为千万个徐虎引领着社会主义市场经济条件下的职业和道德价值取向，他们总是能再次见证时代英模的榜样示范作用。正如党的十八大报告强调的，要深化群众性精神文明创建活动，广泛开展志愿服务活动，推动学雷锋活动，学习宣传道德模范常态化。这一重要宣示，将把职业道德模范宣传提升到一个新高度。

平民之子

→ 从菜农到水电工

★★★★★

1950 年，新中国成立后的第一个虎年。

徐阿六家，终于迎来了第一个男孩。徐阿六看着妻子朱阿大，难得地溢出喜色："这下好了，这下好了。"

老实巴交的徐阿六在解放前，靠在外蹬黄鱼车养家糊口。长年累月地风里来雨里去，加上受气挨骂，使他平时寡言少语。朱阿大是个地道的上海菜农，跟着丈夫受穷受饿，但本性善良的她却少有怨言。解放后，徐阿六当上了装卸工，成为工人阶级的一员，一个月 60 元工资，比起邻家日子，顿感到家里像翻了个身。

因为人多粥少的缘故，徐阿六一家生活还是过得很紧巴。夫妻俩最大的愿望还是能生个儿子防防老。

虎年到来的男孩，无疑给了这对习惯了困苦的夫妇以最大的希望，这个家庭仿佛就虎虎生威，龙腾虎跃起来。

还别说，徐阿六家的这个"阿虎"真还长得虎头虎脑。混在姐姐妹妹中间，很是讨喜。

一转眼的时间，菜农家的"独子"徐虎上了小学。圆头圆脑、白白净净的他上学很是认真。"阿虎，爸爸妈妈不识字，连个正经名字都没有。你能跟以前富人家的孩子一样，有学上，能识字，那是时代好啊！"母亲的话语深深地刻了徐虎的心里。

有几年，辛苦忙到年底的朱阿大没有分着红。不得已，徐虎又跟姐姐们一样申请了学校的助学金。在学校、老师的帮助下，徐虎顺利读到了中学。

心地单纯的阿虎，一听到学校和社会上号召学雷锋做好事他就冲在前面。

"也好，也好。我们也做不了其他事来报恩。"每次听到儿子回家说起做的那些善事，徐阿六总是又惭愧又欣慰。

1966年，"文化大革命"开始了。在这场历史变革的洪流中，只读了两年初中的徐虎与其他孩子一样，浑身都充满着激情和干劲。上山下乡，接受改造，劳动人民的孩子徐虎，来到市郊嘉定县长征公社当上了一名"光荣"的菜农。

晴天一身汗，雨天一身泥。也许只有菜农，才真知"谁知盘中餐，粒粒皆辛苦"的滋味。菜农家的孩子徐虎，从小眼见着母亲的辛劳，自认这份辛苦本就是农民的本分，因此丝毫没有城里孩子的娇贵。白嫩的肩头上，压上80公斤的一担粪，别说是一个半大的孩子，就是五大三粗的汉子那也够呛。大热天背上晒脱一层皮，天寒地冻下照样施肥。就这样，菜农的孩子徐虎的肩上压出了一个将陪伴他一

△ 1968年,徐虎在上海嘉定县长征公社第七生产队务农,做生产队秧棚育秧员

生的大肉瘤。

日子,在不断重复的辛苦劳作中滑过。七年光阴,徐虎的青涩岁月中满是绿油油的菜田和光灿灿的日头。而陪伴着这些景致的,却是一个言语越变越少、心越飞越远的青年。

"我想当个工人。"偶尔回到家中,徐虎就会跟父亲提起,"当名掏粪工也好。"

徐阿六心里理解儿子的想法。受到刘少奇主席接见的时传祥在当年是很多人心中的偶像。儿子想跻身工人阶级队伍,投入社会建设浪潮的最前沿,说明儿子有志向。

1975 年，机会来了。那一年起，上海城市建设开始有了较大发展，徐虎家乡的土地陆续被征用，建造起大片新公房。如愿以偿的徐虎成了征地工，被吸收进普陀区中山北路房管所，当上了水电工。到新单位报到的前一天，一家人聚在一起七嘴八舌，很是热闹，姐姐妹妹们纷纷祝贺徐虎："这回梦想成真啦！""你发了工资要请客哦！""菜农变工人喽，好厉害啊！"

喜滋滋的徐虎，乐得不知所云，反反复复只有一句话："我一定好好干！"

→ 在革命的热土上成长

☆☆☆☆☆

徐虎进的中山北路房管所，是大革命时期沪西工人俱乐部所在地。一进单位，所里的领导就讲起了那段不平凡的历史——白色恐怖时期，一批共产党人刘少奇、刘华、邓中夏等，在这里组织工人夜校，传播马列主义。"你们脚下的这块土地，是上海工人阶级的诞生地之一，你们这些小青年可不要辜负工人阶级的光荣称号啊！"老同志们的教导徐虎都听进去了。

　　在所里的老前辈、老领导中，有一位徐虎的"本家"很看好这个文气、内秀的小伙子。那就是徐裕鑫，在普陀区房产局系统中鼎鼎大名。他不仅当了20年的所长或支部书记，还是全局唯一一名具有40年连续工龄的"老法师"。1984年，徐裕鑫调任中山所当所长。令他想不通的是，在这块光荣的土地上，却有着全局系统最落后的一个所——中山所，各项指标考核居然均为倒数第一。

　　这样的窘境说明一个问题——中山所最缺精气神。那精气神哪里来呢？上任欢迎会上的一幕给了老徐一个灵感。

　　长方的会议桌围坐着所里的老少工人。对于新所长的到来，大部分人一副见怪不怪的模样，或三三两两低头说笑，或闷头不语。倒是躲在老职工身后的青工们，听了徐裕鑫一番动员，纷纷表态说：我们年轻人力气大，又没有家庭羁绊，我们愿将"丑小鸭"变成"白天鹅"。

　　嘿！这些青工就是中山所早晨八九点钟的太阳，朝气蓬勃呀。徐裕鑫想到这里，自得其乐地一拍大腿。于是，平日里有意无意的他就开始注意这帮青工。渐渐地，一位看上去书生模样的青年引起了老徐的注意。

　　他每天第一个上班，最后一个离岗；

　　他每次超额完成的修理养护段工时都是最高；

　　他的居民表扬信占了全所的八成。

　　这个青工叫徐虎。

　　"徐虎，我带你去拜个师傅好不好？"徐裕鑫让徐虎坐下，给他

△ 中山所徐虎所在的班组在共同学习

倒了一杯水。

徐虎没作声，眨巴着眼睛看着所长。

"闸北山西北路房管所的袁松寿师傅是位市劳模，他24小时在单位里全天候服务，可是一位真正的服务明星啊！"

"好呀，好呀，我要向他学习。"听了所长的话，徐虎高兴地说。他至今还记得第一天上班时，一位居民在他干完活后，就夸奖他"像雷锋一样的好青年"。这回要去认识被大家认可的服务明星，说明自己的工作也得到了所里的认可。

1985年，已经磨炼了10年的徐虎被评为服务明星一等奖。

授完奖，徐裕鑫拍了拍徐虎的肩，"要带着段里的同志一同进步啊！"

徐虎知道所长看重自己。每次自己得到表扬，所长就找他聊天，探讨如何服务得更好；每次受了委屈，所长会鼓励他，做好事不气馁。

得了奖之后，徐裕鑫对徐虎提出了一个更高的要求：能不能创一个服务的"名牌"，带动全所创先争优？

→ 特别家庭会议

★★★★★

这些天，侯梅英总觉得丈夫有心事。在同行眼中，比徐虎小一岁的梅英是个能人。除了照料家中大小事务外，还是一个房管部门的管理人员。看着时不时闷头思索的丈夫，侯梅英打趣道："大明星，怎么啦？"

"我不是明星。没什么！"

"你都是服务明星了，怎么不是明星呀？"妻子笑道。

　　徐虎扭过身，冲着妻子说："居民信任我，投票选我当市优秀社会服务工作者，但我总觉得自己没有服务到家。前些天所长让我学习闸北袁松寿师傅 24 小时服务居民的经验。那天我路过小区门口，看到墙上挂了个警民联系箱。所长问我：咱也搞一个服务箱？我想这可不是我一个人的事，挂了箱家里人就会跟着一起受累了，就没敢接话。"

　　"今天早上，一位中年妇女急匆匆地赶来报修，满头大汗。一进门就嚷嚷，昨天晚上 6 点多钟，她居住的居民楼突然断电。三户居民家里的电扇、冰箱全都不能用，孩子只能点蜡烛复习迎考。白天上班没空报修，晚上报修又找不到人。她说今天是特地请事假出来报修的，请我们无论如何要帮忙修好。"

对于双职工为了报修一只水龙头，前前后后要调休两个半天的苦衷，候梅英也深有体会。

"你看，平时我们能做到'你来报，我去修'，保证维修质量，已经很不容易了。但真要解决居民的困难，光靠白天8小时确实不够啊！"徐虎喃喃自语。

"徐虎，你做好事，我支持你。"梅英已经听明白了丈夫的想法。

"只是——全天候服务，不是说说那么轻巧。一旦亮出牌子，我这个人就交给居民了。家里的老老小小谁来照顾呢？"徐虎看着妻子，猛抽了一口烟。

"我当什么大不了的事呢？你干吧，家里有我。"妻子快人快语，"你不放心的话，我们再听听爸妈的意见？"

于是，承担着照顾老人责任的徐虎一家开了一个特别的家庭会议。

"阿爸，妈，有件事情要同你们商量。"徐虎很正式地说，"我向附近居民发过500多份意见征询单，后来又走访了不少居民，他们普遍反映夜间上门服务好。我想挂一个类似与警民联系箱一样的报修箱，每晚7点开箱，上门服务。这个想法段里、所里和局里都很支持，现在就看家里同不同意了。"

结果出乎意料，全家一致同意。

"阿虎，你去修好了。如果回来晚了，泵房打水的事情，我来管。"年届古稀的父亲支持道。

"干吧，晚上的老酒也不会少你一口的。"妻子打趣道。

"爸爸，挂了箱子，是不是你就不能来陪我看电视了？"只有小女儿不大开心。那较真儿的模样，引得全家人都笑了起来。

1985 年 6 月 23 日这一天，支部书记李阿娣兴高采烈地陪徐虎一起去现场，区房管局宣传科长陈敏，抱着冲击钻打洞眼，帮徐虎安上报修箱。从此，光新一村居委会、电话间、弄堂口三处分别挂出了簇新的小木箱，上面写着："凡本地段公房住户，如夜间有水电急修，请写好纸条投入箱内，本人热情为您服务。中山北路房管所徐虎。"

当晚7点刚过，住在光新二村的杨阿姨走过居委会，想到家中当天正好拉线开关坏了无人修，就抱着试试看的心情回家写了张纸条投入箱内。她怎么也没想到，那张写着"请求修理"的纸条是徐虎信箱的第一张报修单，于是，她也就成为夜间服务的第一位受益者。

从这一天起，徐虎每天晚上7点准时打开报修箱，义务为居民修理2100余处故障，花费了6300多小时的业余时间。有8个除夕夜，他都是在工作一线度过，被群众亲切地称为"晚上七点的太阳"。

夜行天使

老李的眼睛

★★★★★

　　家住石泉新村 18 号的李家那扇明亮的窗子，像双眼睛一样，十年如一日地盯着不远处公用电话间墙上的那只夜间报修箱。起初，这位燃气用具厂的工人一到晚上就在想："一年 365 天，徐虎真会夜夜来开箱吗？"

　　箱子挂上没几天，李家的马桶就被堵住了。于是，李师傅投了一张报修单到箱内。

　　晚上 10 点了，徐虎还没上门。"说说而已的。"李师傅心想，"还是明天一早去房管所吧。"

　　正想着，有人敲门。"抱歉，前面有三家，所以晚了。"徐虎一脸歉意，又四处张望着卫生间的位置。

　　老李把徐虎带到卫生间，看着徐虎跪在地上疏通马桶的认真劲儿，心想，徐虎是真把报修箱当事业干了。

不久，李家邻近的一户底楼人家因房屋下沉引起粪管倾斜，大量粪便倒灌。老李让邻居也投了一张报修单。当晚，徐虎来了，查明原因后挖了坑，蜷曲着身体钻下去，在锯断粪管时，正好楼上一户居民忘了楼下在维修，使用了抽水马桶，粪水下来，喷得他满头满身。许多居民劝他洗好脸，换了衣服再来。徐虎笑了笑说声"没关系"，又埋头干了起来。

△　每天晚上7点徐虎准时开箱

这户居民激动地说：“多亏了徐虎，解决了全家的后顾之忧。这些活儿，不要说难做，就是容易做，出钱请人家也不一定肯做。”

其实，见过徐虎相貌，见过徐虎一双手的人会发现徐虎同我们常见的房屋维修工有些不一样，白白净净、斯斯文文的样子，除了工作服以外，他没有满身的油垢、污垢。“徐虎蛮要清爽。”这是居民们的一致评价。妻子侯梅英说：“徐虎每天总是穿戴干净出门。”但是这并不妨碍他干活。徐虎爱干净，而水电维修工又是一项脏活，怎么办？徐虎的办法是把脏活做得干净些。有时候去抢修时恰好没穿工作服，他照样用手掏马桶，排污物，只是他会考虑尽量不弄脏场地，尽量不弄坏居民的装修，在修理完毕以后，他会擦洗一下沾在衣服上的污垢，当然也不会忘记帮助居民清理一下现场。

那年春节前的一个晚上，老李一家正忙着置办年货，卫生间的抽水马桶突然倒灌，粪水漫溢到厨房地上，满屋臭气熏天，全家人急得团团转。老李正想去找徐虎，一看手表时间已经过了9点。他爱人忽然想到报上登的一则广告，介绍过一家专业疏通公司。拨通电话后，对方说疏通只要50元就够了。一小时后，两位工人带了电动机械上门了。折腾到凌晨1点，马桶都敲裂了，总算止住了倒灌，但价格提高到150元。

谁知，过了没几天，粪水又倒灌了。老李赶紧往报修箱里投了纸条。当晚，徐虎如约上门。他用自制的钩子捅来捅去，没多会儿就修好了。见老李心存疑虑，徐虎笑道：“放心吧，不会出问题了。有事就叫我，别客气。”

这回老李服了。徐虎从事的工作并不难，难的是他能够几十年如一日地坚守自己的岗位，更难能可贵的是，他乐于把自己 10 年中 3718 天里的六七千个小时的业余时间奉献给居民。这需要多么坚韧不拔的意志啊! 但凡在社会上能够做出不平凡业绩的人，无论是杰出的政治家、科学家，还是从事普通工作的劳动模范，都有一个共同点，即他们取得的成绩总是与他们付出的艰苦劳动和工作韧性成正比。也许这个社会不需要急于求成的浮躁，而最需要像徐虎那样的苦干实干、甘于寂寞的精神。

→ 笑脸维修工

★★★★☆

　　上世纪 80 年代后期是上海产业结构大调整时期。第三产业的比重及其从业人员数量明显提高。第三产业的一大特点是服务，它直接面对用户消费者、男女老少普通市民，其职业道德状况直接关系到社会公德水准。但如何做好服务，在当时确实是一个课题。长时期的计划经济体制和

"大锅饭"分配机制，让大多从事服务业的人不知道优良服务是怎样来体现的。

房修这一行，属于典型的服务行业。整天和居民打交道，有时稍不周全，就会遭人埋怨，吃力不讨好。

试想一下，现代都市的人们在已经习惯享受着水电带来的便利和文明时，突然遇到大热天里冰箱、空调停转，宾客盈门饭菜下锅却自来水断流，自己无从着手而修理工却姗姗来迟，怎么会没有怨气、牢骚？

1986年春节前几天，三九严寒把大地冻得像冰块似的，管养段门关得紧紧的，还有风呼呼钻进来。大伙儿难得凑这个空日子在组织学习，突然"砰"的一声，门被踢开了。

大伙儿回头一看，进来的汉子虎着脸，大声嚷嚷："我家抽水马桶溢成那个样子，你们还让不让人过日子了？"

小伙子们从不卖这种账："你是来报修的，还是来吵架的？你家的马桶又不是我们搞坏的！"

见此，徐虎赶紧迎上去，安慰道，"别急，有话慢慢说。"

"你是不急，大粪又没漫在你们家。"对方火气一点没消。坐在一边的同事们都忍不住了："你冲我们发什么火？"

徐虎脸上依然堆着笑，提起工具包半推半夹着小伙子出门。

到了现场一看，徐虎也傻了眼。原来这是一幢新竣工的楼房，由于施工马虎，竟然漏排了一根排污管，粪水全然排不出去。责任不在房修部门，是造房单位惹下的"祸"。但此时争个你对我错，已无意义。

徐虎赶紧回去扛了风镐来。手冻得红红的，不时用嘴哈气。在这 –5℃的严寒里，他凿开 10 多厘米厚的混凝土路面，铺设一根新管子。又帮着居民把地面上的污水擦干净。

那汉子在修理单上签字时，一个劲地说："徐同志，我刚才……"

"修好了就好。"徐虎笑笑。

还有一次，徐虎刚刚停好"老坦克"自行车，洗净手，进办公室坐下，还未来得及点燃香烟，只见门外进来一位汉子，一副满脸焦急，又似乎不愿开口的样子。

"有啥要帮忙的？"徐虎热情招呼着。

"我老婆洗脸时，不小心把戒指冲进下水管了。"

"这事不归我们管。"一边的同事冲口而出。

"我知道。我这个戒指是我们的结婚戒指。"男人讷讷道。

望着有些尴尬的男子，徐虎掐掉烟头，示意身边的同事："我们去看看。"

同事纳闷了。心想，徐虎啊徐虎，这金戒指落进下水管，水流一冲，不啻是大海捞针啊！这不是自找麻烦嘛！

上了门，丢失戒指的少妇脸无喜色，淡淡扫了眼徐虎他们，阴阳怪气地说："没把握就不要麻烦了。"连水都没倒一杯。

这是一间3平方米的卫生间，落进了戒指的下水管是主人自己装的，公房原先两只水管弯头，另外又接了两只。弯头越多，拆装越困难，卫生间里连转个身的地方都没有。

让陈师傅担心的是，老公房往往是水管和粪污水总管"合二为一"。戒指一旦冲入下水道，就没希望了。看到徐虎蛮有把握的样子，他说："这样吧，徐师傅，你来指挥，我来动手，省得两个人挤来挤去的。"

徐虎想了想说："陈师傅，你先别急，我从外面着手找。"

于是，他俩将下水弯管一节节拆了下来。因为是瓷的，一不留意会敲碎。好事没做成，反倒会遭人埋怨。

这不，少妇看到他们大卸八块，未免担心起来："师傅，看看行不行，如果实在难找也就算了。"

第一节弯头，拆了，没有。

第二节、第三节也没有。

再拆第四节找不到，就麻烦了，还得拆楼下人家的管子。当徐虎正盘算着如何做楼下人家的思想工作时，"笃"的一声，奇迹发生了。当陈师傅抖动手中的第四节弯头时，金戒指落地了。

　　"哎哟，还真能找到啊！"少妇脸上一下子堆满了笑，随即从冰箱里取出可口可乐，一个劲地挽留他俩吃了晚饭再走。

　　徐虎和陈师傅呵呵一笑："饭就不吃了，大海里捞到针，我们比啥都开心。"

　　走出那户人家，陈师傅憋不住问徐虎："今天算我们运气，这种情况多半是找不到的，你何必一定要来呢？"

　　徐虎笑道："你不去，人家心不死；你去了，就是捞不到，心也到了。"

　　陈师傅恍然大悟，连连点头。

→ 老人的跪拜

★★★★★

　　"噼啪！噼啪！"雨越下越大。这几天，天公不作美，天天下雨，有时雨中还夹着雪珠，使人感到一阵阵寒意。

　　这天是星期天，徐虎收到一封信，信纸上歪歪斜斜地写着一行字："徐虎同志，我和爱人都是走动不便的老人，住在常熟路××号，从电台里听到你的事迹后，央人写了这封求助信……"徐虎的徒弟正好也在，他接过信一看，说："师傅，常熟路离这里足足有10多里路，骑车来回就得两个多小时，你去不去？"

　　徐虎毫不思索，脱口说："人家来求助，一定是碰到困难了。不管路多远，我都会去，不能让老人失望。"

　　说完，他披上雨衣，带上工具，蹬车向常熟路飞奔而去。

踏进那户人家的门，徐虎吃了一惊：这户人家只住了两位耄耋老人。老太哆哆嗦嗦，起码80多岁，老头是过90的人了，瘫痪在床，不时传来猛烈的咳嗽声。

　　徐虎说明了来意，两位老人不由十分感动，说："我们在广播中听到有徐虎这么个好人，就托人写信。没想到，你还真上门了。"

　　徐虎说："我在信上看到你们两位都是老人，所以就来了，没想到你俩这么高龄，你们信上说是水表漏水，我来检查一下，看看毛病在哪里。"

　　徐虎说完，让老太指明安装小水表的地方，便上

△ 徐虎耐心地给社区中的老人讲解维修使用注意事项

前检查。

检查结果是小水表冻裂，水漏个不停，没法修，得换新的。

徐虎对老太说："小水表坏了，我到静安寺去买个新的，回来给你们换。"

老太哆哆嗦嗦地从内衣袋里掏出几十元钱交给徐虎。但徐虎看到两位老人家境这么困难，便说："不忙，等我把水表买回来装好再说。"说完，便骑车前往静安寺。

不一会儿，徐虎买好小水表回来了。当徐虎换上新水表，不再漏水时，躺在床上的陈老伯激动地想撑起身来，眼里流出热泪，嘴里哽噎着说："徐虎好人！好人啊！"

徐虎走上前，按住他说："小水表换好了，你放心好了。以后不会再漏了。"老太又掏出钱，要把买小水表的钱还给徐虎。徐虎说："你们年纪大了，这些钱你们留着用吧。这小水表就算是我送给你们二老的礼物吧。"

两位老人见徐虎不但冒着雨，骑了那么远的路来义务修理，还倒贴了一个新水表，真是感动极了。

陈老太哽咽着说："小师傅啊，我们两人活了这么大岁数，今天碰到大好人了，没什么好东西能送你，我给你磕个头吧！"说完两膝一屈，就要往下跪。

徐虎慌了，一把扶住："阿婆，这样折我寿了。我帮你换个水表，挺方便的。我多做点好事，心里踏实，活得充实。你如果过意不去，就把我当你的小辈。"

徐虎走了，老太扶着门框，久久地目送徐虎远去的背影。

现代社会运行的组织化、分工化越来越发达、细密，但人与人之间的关系却越来越疏离。很多人基于这种分工的精细化，不再为自己"找麻烦"，久而久之，人们开始集体忧心于社会道德的滑坡。徐虎带着他的伙伴们的这些行动，无疑带给人们最宝贵的东西，那就是对社会的信心。徐虎他们以自己超出职责要求的行为，填补了社会服务体系某些尚不完善的地方，以自己的职业能力解决了周围群众的具体困难。我们难以设想正在建设的社会完全依靠分工运作和市场行为就能变得完美无缺，毫厘不差；我们难以设想由于社会分工的高度发达而导致人与人之间需求关系的完全市场化，这将会出现怎样一种冷漠的情景啊！

人，总有急难之时，总有用钱难以满足的需求。在这种时候，我们期待于人，期待于人的道德、人的温暖，期待徐虎和同他一样的高尚的人。

→ 维修工的"分外事"

★★★★★

月光白得刺眼，散漫地铺向黑夜。

徐虎骑上"老坦克"，沿着汉阴路左拐到了电话间的报修箱旁。他利索地开了锁，取出报修信，用手电筒一照，再锁上，然后骑车上路。

那夜从报修箱中取出的报修信也十分平常：光新路一幢公房内有户人家抽水马桶流通不畅，请求修理。

徐虎赶往这户人家，做了检查后，发现马桶既没堵塞，也没有其他损坏。户主是位山东大汉，他见徐虎似乎没查出什么毛病，急得脸上直冒汗，以求救的口吻说："你再仔细看看，小孩的大便还能冲下去，大人的就不行了。"

徐虎也大惑不解。"你别急，我再查查。"他又蹲了下去，眼镜都快碰到马桶壁上了。

"是坑砂积得太厚，马桶眼子越积越小。"

△ 徐虎与同事一起工作

"能修吗?"主人急了。

"当然能。房子房龄长了,坑砂日积月累引起的。属于正常维修范围。我回去取点烯酸来。用烯酸浸泡后,将坑砂刮去就好了。"

在回去的路上,徐虎琢磨着:这里的公房,大多是六七十年代建造的,这样的情况一定很普遍,防患于未然，可以降低报修率。第二天，他把这想法告诉了领导："我们应该把管养段老公房中的抽水马桶全部清洗一遍，排除隐患。"

"居民又没报修，何必自讨苦吃，还是报一家修一家吧。"徐虎同事说。徐虎明白同事的心思，这个工作属于分外事。可在徐虎看来，其实，分内和分外，并无绝对意义上的分界。只要是对老百姓好的，就是他们应该做的事。

可二三千户人家，全面清理，工作量实在太大。

所里的领导支持徐虎的想法。他动员大家去做分外事："我们水电工的任务不只是修修补补，还要养护。平时大家多点辛苦，居民麻烦就能少一点。现在社会上有些人，他们斤斤计较，惜力如金，贪图清闲，当然不可能去干所谓的分外事。但我们这支队伍不是，如何看待分内事和分外事，是一个人有无社会责任感和奉献精神的重要体现。缺少社会责任感和奉献精神的人，连分内事都干不好或不愿干好。"

于是，在徐虎的倡议示范下，每人的工具包里都放进了两三瓶"烯酸"。为了节省费用，他们还采取同层楼面合用烯酸的方法，一户人家浸泡过的酸液，用后舀出来再用到第二户、第三户。就这样，花了一年多时间，2000多户居民家的马桶坑砂被清除了。

日复一日，徐虎还是照旧同马桶、水龙头打交道，应当说很不起眼，但他却从这不起眼的工作中体会到乐趣，体会到居民的需要。有时候徐虎会和年轻一点的同事讲："掏掏马桶，通通管道，对我来说是举手之劳，可对居民来说却是关系到正常生活的大事。"可不管段里职工说徐虎怎么怎么好，青年工人小陶全然不在乎，他新近才调入徐虎所在的第三第八联合管养段，年纪虽轻，手艺却拿得出。他要亲眼"鉴定鉴定"这个徐虎。

要找瑕疵却真难找，碰到段里报修的居民，徐虎总是笑眯眯的，居民前脚走，他后脚就背起包跟出门，工作倒挺认真的。小陶想，有机会要上门一起去看看。

有一天，徐虎从外面进来，关照小陶："你照应一下段里的事，我刚接到光新路430弄一户居民的报修电话，我现在就去修。"

小陶反问："徐师傅，这不是私房吗？按理不属于我们维修范围。"

徐虎说："虽说是私房，可人家居民找上门来，就是信任我们，我去帮他修修，一会儿就回来。"

小陶生了好奇之心，他想，徐虎不是热心过了头吧，瞎起劲。他决定尾随而去。

去的是一家独居老人户，一位退休工程师。那老人对徐虎既熟悉又热情，一开门就招呼他，问长问短，好像是多年相知的老朋友。

老人端茶递烟，徐虎婉言相拒："老伯，你坐下说，这次坏了啥？"

"抽水马桶漏水！"老人用手比画着，详述损坏情况。徐虎听得很仔细，等老人说完，他一个人走进卫生间，蹲下修理。不一会儿，马桶全修好了。

"老伯，修好了，假如过几天再漏水的话，你再来通知我好了。"

"徐师傅，跑得挺累的，坐一坐，喝口茶再走。"老人似乎很过意不去。徐虎笑笑："不了，下次再来。还有居民等我去修呢。"小陶这次眼见为实，算是服了，但还不完全信服。

过几天，小陶又继续跟踪徐虎。那是一户退休职工的家。老人年近八旬，颤颤巍巍的，说话也费力，连他坐着的那把椅子也有点跛，摇摇晃晃的，让人感觉说不定哪天老人会从上面摔下来的样子。

老人报修的项目有好几个：抽水马桶堵塞、自来水龙头滴水、电灯开关失灵。

徐虎二话没说，放下工具袋就埋头干起来，动作十分利索。他先用钩吊疏通马桶，随即掏出自己带着的新开关，给老人更换。修完自来水龙头，还帮老人修了那只跛脚的椅子。临走时，那老人撑着拐杖，硬是要送徐虎一段路，颤抖的手握住徐虎久久不放。看到这里，小陶在心里暗暗地说："服了，服了。口服，心也服。难怪报纸上表扬徐虎，说他是一个时常把本职工作同社会需要自觉联系起来的劳动者，他会自觉培养自己的敬业精神，在为他人服务的过程中体现自身的价值。"

和为贵，让为先

➡ 劳模风波

★★★★★

1986 年初春，柳树吐芽，桃花含苞，阵阵春风拂面，给人们带来一片暖意。

一清早，中山北路房管所第三第八联合管养段门口围了一大群人。人们一面盯着墙上张贴的公告，一面议论着。

"不简单啊，小小的管养段要出市劳模了。"

"上海这么多人，为啥偏偏看上了徐虎？"

"喏，徐虎日里辛苦，夜里还要开箱服务，废寝忘食，为民排忧解难，看来上面是长眼睛的。"

第三第八联合管养段门前张榜公告的内容很简单，上面写着徐虎的出生年月，平时的工作业绩，着重突出的是告示群众，对候选劳模存在的不足和错误缺点，均可向区、市评模办写书面意见。

评劳模公开，这个规定有利于群众监督。

张榜几天后，市区评模办很快将一批有关徐虎的信件转到普陀区房管局工会主席董素铭手里。

△ 挂箱7周年，集团的4位劳模与时任党委副书记在一起

　　老董把所有信件抓紧看了一遍，其中绝大多数赞成评徐虎为劳模，有的还列举了很多感人的事例。也有几封来信，持不同意见。意见大致有几条，一种意见认为徐虎事迹平淡，评劳模荣誉太高；另一种意见认为，徐虎有了荣誉，架子太大，迎面走过也不打招呼，还说徐虎上班时间打瞌睡，不遵守劳动纪律。

　　老董了解徐虎这个人，他辛辛苦苦许多年，并不是为了当劳模，而他的示范作用，有时还会给段里带来无形的压力，个别人思想跟不上，有时还会嘲讽、挖苦、唱反调。但不管怎么说，那信上反映的问题，确实应该下去调查一下，是真是假弄个水落石出。

　　座谈会开得热火朝天，发言一个接着一个，都称赞徐虎是好样的，是房修工人的标兵。董素铭看发言差不多了，便不失时机地把个别来信中提出的问题摆出来，请大家讨论。

徐虎太平常，要评他为市劳模，是否荣誉太高的问题，很快取得了一致意见。大伙认为，过去宣传"高大全"，把劳模英雄化、神化，严重脱离实际，其实劳模就是劳动模范嘛。

说徐虎架子大，见人不理睬，说徐虎上班打过瞌睡，不遵守劳动纪律，也不是事实。房管段的几个师傅争先恐后地说了起来。

一位中年师傅说："徐虎做事抢在前，荣誉缩在后，无可挑剔。有时偶尔打个瞌睡，只是因为他天天白天出早工，晚上打夜工。每天工作十六七个小时，不稀奇。徐师傅天天如此，凭良心说，铁打的金刚也要累垮的。有时候没人上门报修，徐师傅抓紧时间打一会儿瞌睡，以便以充沛的精力投入工作，这怎能说他不遵守劳动纪律呢？"

一位青年水泥工也插上话来："天地良心，徐师傅是个近视眼，为了怕干活时碍手碍脚，他从不戴眼镜。迎面看不清人，徐师傅怎么跟人打招呼？"

你一言我一语，对徐虎的反映议得清清楚楚、明明白白。

座谈会结束，董素铭心里的一块石头落下了。但他工作很细致，为了慎重起见，还是召集全所职工大会。他介绍了管养段座谈会的情况，接着充满感情诚恳地说："劳模劳模，主要在劳动方面有突出建树，不要太全面、太苛刻，十全十美的人哪里找？我现在对大家说，如果有谁能像徐虎那样，坚持一年多，夜夜开箱义务上门服务，你做到了，我就推你当候选人！"

下面响起一片掌声，掌声预示着这个小小的管养段将破天荒地诞生自己的第一位市劳模。

　　走出房管所的大门,董素铭就在思考:市场经济是一种促使人们更加务实的经济体制,它同计划经济相比,更需要人们脚踏实地、兢兢业业地工作,需要每个人在其中找到自己所承担的社会角色,为自己的人生定好位。这种角色和定位,是经济和社会得以正常运转的不可缺少的条件。徐虎之所以深受人们的尊敬,说明这种社会角色意识和人生定位已经是时代的呼唤和人心所向。徐虎为我们这个时代的人生定位提供了一个参照标杆。

→ 走自己的路

★★★★★

这班水电工，每天都看着太阳是怎样从东面高耸的楼宇顶上露脸的。他们起得早，有时为修水管爬得也高。

那天早晨，7点钟刚过，一班人都到齐了。

徐虎已经关照过，明天去石泉新村一幢老公房将旧水管换成"两寸半"新水管，准备工作要做好，早晨一放亮就登楼施工，要赶在居民晚上用水高峰前完工。

其实徐虎不说，大家心里也明白。这是件重头活，换进水管从六楼换到一楼，工作量大，难度更大。为了让居民晚间能用上水，不完成任务绝不能撤下来。

水电工最怕这种活儿，从六楼换到底楼，必须一口气憋到底，就是工间想撒泡尿，跑上颠下也不容易。

徐虎话不多，淡淡地向大家看了一眼，说："动手吧!"

"徐师傅,看样子今天一天完成没问题。"陈师傅十分好胜,工作起来也透着一股虎劲儿。他搓了搓手,嘴巴下意识地"呸"了一声,拆起阀门来。突然间"哗"的一声,阀门一松,一股水喷了出来,溅了大家一身。这对徐虎班来说,已是司空见惯,谁都不哼声,擦擦脸上的水,又使劲干了起来。

把细管换成两寸半的粗管,一层楼一层楼地拆下来换上去,虽说并不惊动居民,施工都在楼梯过道的公用部位,但自来水进水的总管,拆下装上,阀门拧得再紧,漫出水还是难免的。

时间一分一秒地过去,管子一根一根地换了上去。

中午以后,三楼还未完工。徐虎闷声干着,他不时示意大伙儿尽量让水少漫到楼梯过道上。一层楼面施工完毕,他又领头擦干了地上的污水。

二楼的水管锈迹斑斑,风化侵蚀严重,内壁积着厚垢,有几段管子连阀门也锈死了。他们花了九牛二虎之力,才拧下了那锈死的阀门。

下午5点一过,楼道里脚步声、言语声多了起来。

有放学回家的、下班的、出门买菜的———一天的宁静被喧闹所取代。

"加油啊!"一个年轻的水电工猛吸了手中最后一口烟,提醒大家下班时分已过。

将近晚上6点了,当陈师傅拧紧二楼那根水管时,楼下上来一个男人。

他正掏钥匙开门,发现自己的脚正站在一大摊水中,崭新的鞋子也溅上了许多水珠。

△ 徐虎和管养段同事一起外出维修

"碰到鬼了，这班赤佬。"他白了一眼房修工，说着关上了门。

陈师傅两眼冒火，心想："真是蛮不讲理。我们几个人，从天亮干到天黑，饿着肚子，连晚饭也顾不上吃，竟然还骂人！"有几个年轻人也露出恼怒的神色。这时，如果徐虎能回骂一句，或叫大家撤了，明日再干，那气也就消了。

谁知偏偏徐虎不发火，他那双大眼透过镜片闪着光，柔声地说："算了，他讲他的，我们做我们的。"说完，又埋头干了起来。

当六个楼面水管都换好，已经晚上7点多了。

第二天一早，段里就收到了表扬信，还不止一封。

陈师傅气犹未消，连看也不看一眼，嘴里嘀咕着："说不定那位骂山门的先生也会写感谢信呢！"

→ 考考徐虎师傅

★★★★★

小陈并没想到，自己真正认识徐虎倒是在帮徐虎家修理电视机这件事上开始的。

徐虎家的电视机坏了，不闻声音不见图像，看来不是一般的小毛病，修电视还得请行家。可是，徐虎白天连着夜里干，侯梅英在段里工作又忙请不了假，放工回家又得照顾二老，带女儿洋洋。再说，一个女人家怎么捧个大电视到修理部去呢？

小陈见徐虎有困难，暗暗地想帮助他。他托熟人找了个修电视的老师傅，帮助徐虎"排忧解难"。

好不容易凑到一个开箱没有报修信的夜晚，小陈连忙打电话请来修理师傅，领到徐虎家。

电视机很快被开了盖，徐虎把一张"四大领袖"

塞到小陈手中，使个眼色，要他付给修电视机的师傅。小陈知道徐虎的脾气，他为别人做事全是尽义务的，绝不收一分钱、抽一支烟。别人为他做的事，他决不让人家白白劳动。

小陈刚把修理费递过去，那师傅竟气呼呼地喊了起来："怎么，朋友，我是冲徐虎这个劳模上门来的，他一年到头为老百姓修水电，收过钱吗？冲着钱，我就不来这儿了。"说着，他真的动肝火了。徐虎见小陈犯了难，就过来做了番解释，这才消了师傅的气。可钱硬是没要。

哪知，电视机毛病还没找到，门外却笃笃笃敲响了。

徐虎笑笑："准是谁报修上门了。"

真扫兴。小陈想，你徐虎总不能撇下客人自管自做好事去吧。我倒要看看徐虎今晚怎么办。

报修的是石泉一村5号的一个居民，说他家里断电了。

徐虎望着修电视的师傅，抱歉地笑了笑，还没开口，这位急性子朋友又叫了起来："你是劳模，怎能这样怠慢报修群众？"徐虎也不分辩，提起工具包，就跨出门去。小陈本想"考考"徐虎，这下可真的急了。修电视的冲着徐虎的面子上门义务修理，为的是当面能与徐虎聊聊。现在丢失机会，如何对得住远途而来的朋友？想到这里，小陈忙拦住徐虎说："徐师傅，你留下，我去修吧。"

徐虎拗不过小陈，只好让他提起工具包跟报修者走了。

原来这户报修人家主妇在做月子，断了电的屋里一片漆黑，婴儿在大声哭，好不心焦。

这一趟，虽说修的是私房，小陈却很高兴。他通过这件事真正理解了徐虎这个人。他对段里的伙伴说："徐虎考了个100分，是个

△ 徐虎维修完毕，交代居民注意事项

过硬的劳动模范，如果比一比，我们的差距太大了。"

徐虎的行动，就像是一个人高尚行为的制度化，一个高尚的人的自我立法，触发着小陈不断反思。在这以后，小陈经常外出帮助别人，做方便群众的好事。不过，每次上门服务，总不愿说出自己的真实姓名。他总是说："我不是徐虎，但我代表徐虎来服务的。"他觉得以徐虎的名义，最能表达自己内心真实的情感。

→ 心中的铁律

★★★★★

在职业分工基础上形成的职业道德，是每一位劳动者必须遵守的职业行为规范。在这方面，徐虎无疑是杰出的代表。更难能可贵的是，徐虎还把严格的职业道德自律要求，从分内工作延伸到分外领域。有一回，他在完成了4户居民的急修工作后已经时近午夜，当他疲惫地来到第五户人家时，主人执意要他回去休息，徐虎却说："这可不行，当天报修当天毕，这是我自己定的规矩，自己不能破。"

1992年的上海之冬，滴水成冰，猝不及防的寒流使申城大批室外自来水管纷纷爆裂。许多人家的室内水管也冻得滴不出水来。

徐虎和同伴们没日没夜地抢修，仍然应付不了住宅楼成片成片的断水。

徐虎病倒了。本来白皙的脸更无一丝血色，连走路也有些飘飘然。

△ 徐虎在为社区居民家维修水龙头

整整一天，他只喝过几口米汤。

昏睡中的徐虎，竟然会被时钟的"滴答"声惊醒。

大概是长期开箱形成的条件反射，他感到晚上7点快到了，就挣扎着身子想起床。

老母亲坐在他床边已经好半天了。她见徐虎要起床，连忙摁住他："阿虎，听妈的话，今天就让人代开一次吧。"

徐虎摇摇头，他仿佛见到一个个居民由于无法用水而显现的苦恼面孔。

"妈，现在情况紧急，正是需要我的时候，你就让我去吧。"

"阿虎，听妈话，今晚让人代你，不会因为你而影响报修的。"母亲固执着不让，微凹的双眼已经急出了泪。

"天寒地冻，各路人马都全部出动，哪来多余的人手？"徐虎恳求地说，"多一个人就多一份力，这种时候，居民需要我啊！"

知子莫若母，徐虎从小好胜，父母对他教育又很严格，"与人为善，助人为乐"的思想都是双亲"传"给儿子的，有什么办法呢？母亲长叹一声，千叮咛万嘱咐，要徐虎不要勉强，早点回家。

那晚，果真有几张报修单等着徐虎去取。

徐虎跨上"老坦克"一户户去跑。

寒风凛冽，手捏在自行车把柄上都觉得钻心的疼，徐虎本来生病了身体虚弱，又饿了一整天，走路都摇摇晃晃的。好不容易查修完最后一户，到家时，连楼梯也爬不动了。

显然，在徐虎看来，职业规矩一经定下，便是雷打不动的铁律，再也不可更改。正是这种在任何时候、任何情况下都忠实履行职业要求的道德行为，体现了徐虎全心全意为人民服务坚定不移的内心信念。

几年后，有一次市总工会组织一批劳模到厦门疗养，徐虎也应邀前往。徐虎到达景色如画的疗养院后，心里仍惦记着那三只报修箱，尽管他走前，领导已安排他徒弟每晚开箱，但他仍然不放心，三天两头打长途电话回家询问妻子，有没有住户上门求助，还说，一到晚上7点，他就惦记着那三只报修箱。

两星期后的一天，侯梅英下班回家，见楼下徐虎的自行车不见了，她估计徐虎已经回来，便骑车去菜场买菜，准备晚上全家欢聚一番。

不料等到吃晚饭时间，仍然不见徐虎的影踪。全家等啊等啊，一直等到晚上10点多，才见徐虎拖着沉重的脚步，疲惫地推着"老坦克"回来了。

梅英赶上前去，帮他卸下工具袋，但见他脸色苍白，直冒虚汗，连脚跟也轻飘飘地站立不稳，忙扶他在沙发上躺下，急问："你怎么了？"徐虎笑笑，挥手说："没事。"然后慢慢道出了他这天不寻常的经历。

原来前一天天一早，劳模们结束厦门疗养，踏上返沪的路程。午后大巴士在武夷山盘山公路上盘旋，经过一道陡峭的山峰时，突然前边山塌路崩，一辆车抛在那里，大巴士立即急刹车。突然"哐"的一声巨响，后边一辆运竹车由于踩刹车慢了些，一根粗大的毛竹顶进了巴士的后窗，顿时钢化玻璃粉碎，落在徐虎身上。好险啊，坐在后排的徐虎叫了一声，还好没有伤着人。

司机立即下车交涉，由于山区通讯设备差，这一下，足足延误了两个小时。原先在上饶预定拖挂的一节卧铺车厢泡汤了。

上饶火车站很体谅，他们同意上海的劳模们在以后任何开往目的地列车中，让劳模们自由上车回沪。

这下苦了大家，哪有座位啊？

徐虎他们整整在车上站了一宿，到上海已是次日上午了。他早已算好，单位里这天正轮到他献血，于是独自闭目养神在家躺了一会儿。中午一过，同事敲门通知，当天下午就献了血。

徐虎感到很疲惫，长途劳顿，真想囫囵睡一天呢。

但献血是不能耽误的，他支撑着到了南京西路献血中心，毫不犹豫地献了200毫升血。

回家路上，徐虎感到头有点晕，腿软软的。因此车骑得很慢，进家时，已是晚上7点，想到开箱时间已到，不能坏了自己的规矩，便一处一处地前往开箱。

报修条中，有一户教师家庭，说是污水管堵塞冒溢。徐虎急忙赶至那户人家，但见污水管中冒出的脏物和水喷了一地。老师正一筹莫展，看到徐虎惊喜地叫起来："徐师傅，你看我连明天的课也没法备。"徐虎问清情况，蛮有把握地说："没问题，我保证修好，不影响你备课。"也不顾自己是否有力气，便取出工具，全身心地修了起来。

待他把污水管修好，又帮老师清除了地上的污水，推车回家时，已是晚上9点多了。

侯梅英心疼地看着丈夫，说："你呀，怎么献血也不和我说一声，献了血，还去开箱。你的身体难道是铁打的吗? 哎，真拿你没办法。"

徐虎笑笑，说："我现在不是好好的吗? 我知道你今天一定买了很多好菜，快让我补补营养吧!"

侯梅英马上端上菜，徐虎便有滋有味地吃了起来。

和谐一家亲

➡ 坊间"老娘舅"

★★★★★

　　走街串巷中，总是乐呵呵的徐虎，除了维修工作外，还承担了社区管理的另外一个角色——"老娘舅"。叫徐虎去的起因，往往是水电问题，可一幢楼里的楼上楼下为了水电问题引发的矛盾，有时一点儿也不比争家产小。一次，徐虎在维修中，就看到了两户人家因为卫生间漏水问题，吵得不可开交。居委会调解委员几次上门调解，也无济于事。公说公有理，婆说婆有理，各不相让，调解委员对他们毫无办法。

　　徐虎在居委会听到这件邻里纠纷，脑子转开了：有关漏水而引起的矛盾，不解决漏水这个关键，确实很难调解。于是，他抽空去实地查看，想为解决这件邻里纠纷出点力。

　　徐虎经过调查，才弄清楚事情的原委。原来，楼上人家新安装了一个浴缸，由于施工不合理，搪瓷浴缸套上水泥底座的夹层有空气，浴缸的下

△ 徐虎与徒弟王耀齐走访里弄开展工作

水口和底座的出水没对准，时间长了，水从旁边渗到
了楼下，才造成了邻里矛盾。

徐虎决定揽下这个分外活，使两户居民不再有矛
盾。于是他与居委会干部一起上门做楼上住户的工作。
徐虎说："由我来帮你重新安装浴缸，不收工钱，保
证质量，怎么样？"

但那住户还是有顾虑，说："这浴缸拆来拆去，拆坏了怎么办？"徐虎心想，一个浴缸，少则两三百，豪华型的上千元，户主有顾虑也在情理之中。

同去的居委会干部很聪明，抬出徐虎是全国劳模这块王牌，保证浴缸照拆照修照复原，不会损坏。

徐虎诚恳的态度果真打动了户主的心，他终于答应让徐虎重新安装浴缸。

过了一天，徐虎带着徒弟来到这户人家。两人先把浴缸卸下，接着根据尺寸，在水泥底缸的出水口接上了一只弯头，再把浴缸安装上去，使浴缸的下水口和弯头联结。他们小心翼翼的样子真让主人心底佩服。浴缸边上的瓷砖撬碎了，徐虎便自己掏钱买，连户主也不知道。

果然名副其实，重新安装的浴缸天衣无缝，缸的正面搪瓷无一点开裂或破碎，只是边上擦掉了一小片，主人当然无可非议。

漏水问题终于解决了。

楼下那家昔日的"受害者"，原本为了维护自家住房的权利，想通过媒体去告状，这样一修好，大家化干戈为玉帛，楼上楼下重新握手言和。居委会干部高兴地说："徐虎不仅修了漏，还治了心。"徐虎也笑道："你该封我个'老娘舅'的称号。"

→ 他们也是我的孩子

★★★★★

在上海人的语境中,"老娘舅"是个很特殊的词,意味着受人尊重的公正的调解者。当上"老娘舅"的徐虎,把自己当成了身边居民的亲人。

这是一户特殊的家庭——一家四口都是残疾人。户主杨海民患神经官能萎缩症,行动失衡;老杨的妻子唐嘉英幼时患小儿麻痹症,双腿失去正常的功能;10年前,他们又生下一对双胞胎——一个终日瘫痪在床,一个双目失明。

徐虎向来是个有心人,对管区里的情况了如指掌。光新一村杨家残疾特困的情况,他更是放在心上,平时问寒问暖,还包下了他家所有的房修工作。杨家水电稍有不妥,他马上赶去抢修。

杨家孩子渐渐大了,家庭的困窘有增无减,盲儿靠政府资助送进了盲童学校,可家中还瘫着个病儿。杨氏夫妇因为行动不便,前两年也从福利工厂下了岗。在居委会帮助下,唐嘉英开起了

△ 徐虎走访关爱社区残疾人家庭

小烟纸店，搭建的简陋棚顶时常漏雨，这本不是房管所的事，但徐虎知道这个情况后，便和管养段的泥工、白铁工、油漆工一起上门，把棚顶封得严严实实，从此再也没有漏过。

有一次，徐虎又发现杨家的水泥地坪凹凸不平，残疾车进出很不方便，他又请管养段的泥工一起去帮忙，把地坪做好。唐嘉英看到丈夫的残疾车能顺顺当当进出，连声说："这下我太称心了。徐师傅，太谢谢你了。"

有一年，申城持续几天高温，普陀区委宣传部的干部搞了一次特殊的党员组织生活。他们每人出 20 元钱，凑个份子帮杨家买了一台舒乐牌吊扇，想为瘫痪残疾人家送去一片凉意。

他们找到徐虎，想请徐虎帮忙安装吊扇。

徐虎听后有些不悦："这是当地活动，我是党员，这个活动应该让我一起参加，助残帮困也有我一份。"因为吊扇已经买好了，宣传部就委婉地拒绝了徐虎的一番心意。

当天，徐虎喊了个同事一起上杨家，先把屋顶中央的电灯挪了个位置，电线重新排过，还钻凿水泥板，固定吊钩，爬上爬下，累得气喘吁吁，最后稳稳当当地装好了吊扇。

这以后，徐虎对没能参加资助吊扇一事一直"耿耿于怀"，一直想弥补这一遗憾。第二年的冬天，天寒地冻，徐虎被奖了一条羽绒被，他顿时想到了杨家，在春节前夕上门问候时，并顺便捎上那床崭新的羽绒被。唐嘉英摸着那条暖和的羽绒被，握住徐虎的手连连说："谢谢你，你真是大恩人、大好人啊！"

春节后，街道党委牵头，西部企业集团中山物业公司等8个单位联合搞了个给残疾户送温暖工程，徐虎代表第三第八联合管养段表示：杨家今后的房修，我们段全包下，做到优质服务，全部免费。

后来唐嘉英因脑溢血突然去世，徐虎闻讯，又从自己口袋里掏出100元钱送去。周围居民见状说："徐虎不愧是一位全国劳模，也是一位助残的模范。"可徐虎却说："他们也是我的孩子。"

→ 求治太田痣

★★★★★

　　随着徐虎的名气越来越响，给他写信求助的人也越来越多，关于房屋修理的不说，也有其他的各种事，发信的地点有本市的，也有外省市的。

　　1994 年的一天，徐虎收到一封来自临川的信，一边看，一边自言自语地说："太田痣? 是日本人生的痣还是怎的?"

　　写信者自称是在报纸上看到了有关徐虎的报道，鼓足了勇气才写信向徐虎求助。他说他早已过了而立之年，至今未曾结婚的原因是左边脸颊上有一大块色素沉淀的太田痣。信中还模模糊糊这样写：1984 年的一本旧杂志上，我曾看到一篇短文，说在贵市新昌路某号有两位医生能治愈这种病，可是杂志登载的消息离今已 10 年多，那两个医师现在是否还在那里看病，希望您能帮助打听一下……

　　信写得很长，显然患者求医心切之情跃然纸

上，徐虎掩卷之余，慢慢沉思起来：写信者把我当成自己人，才如此一吐衷肠，这岂止是一封平常的求助信，里面分明寄托着来信人对生活的希冀。

收到此信后的第一个星期天，徐虎一早就骑车从市区的西北部来到市中心的新昌路。

一看，不好，那原址早已成为市政建设的一个大工地。

踏着砖块瓦砾，徐虎推车穿行，耐心地询问。许多人都摇头，说已经搬迁了，哪里还有医生呢。一位踱步的老伯告诉徐虎，是有过两位看痣的医生，早两年就歇业了。

这句话给了他一丝新的希望，本来他劳顿了一上

△ 徐虎通过在上海广播电台直播，扩大服务范围

午准备吃碗面就回家，现在却从路口重新一处处地问。

又徒劳奔忙了一个多小时，后来有人告诉他不远处有家小店，开了很多年，可能会有线索。

徐虎兴冲冲地赶到那个地方，向那位店主打听："老伯伯，对不起，我想打听一下前几年这里有两位看痣的医生，不知现在搬到哪里去了？"

"哦，你一讲，我倒想起来了。这附近是曾有过两位看什么太田痣的医生，可后来听说搬到浦东去了，浦东什么地方不清楚。"那老伯伯热情地回答。徐虎听了，说："谢谢，那我上浦东去找。"

旁边的一位老妈妈插嘴道："那两个看什么痣的郎中是无证行医，好几年前就歇业了。浦东这么大你找不到他们的。"

徐虎听了，这才打消了到浦东去继续寻找的念头。回到家里，他便给那位求助者写了一封回信，说明了情况，并希望他不要灰心，说自己在上海一定为他留意治疗太田痣的信息，一旦得知信息，一定马上通知他。

徐虎是个说到做到的人。从这以后，他一直把这件事放在心上，处处留心。1996年2月11日，徐虎从《新民晚报》上获悉，华山医院有治疗太田痣的激光机。他如获至宝，立即从抽屉里取出通讯录，写信告诉那位素不相识的临川朋友。

在徐虎的安排下，那位临川朋友来到了上海。徐虎陪他到华山医院做了激光治疗。治愈后，那位临川小伙子无比激动地握住徐虎的手说："你不但是一名著名的劳模，而且是个助人为乐的活雷锋。"

徐虎做好事有一个重要而朴素的想法：别人一个很大的困难，自己或许只是举手之劳便可以解决。每个人都有自己的优势和困难，多一些助人为乐，少一些损人不利己，我们的城市就真正成了其乐融融的大家庭。

➡ 谢老先生家的剪报本

☆☆☆☆☆

　　家住石泉一村的谢老先生和姜老太一家有本剪报本，上边一页一页清晰地记载着徐虎的事迹，以及记者给徐虎拍摄的照片。起初，邻居们不明白老夫妻剪报为的是啥。他俩既不是徐虎的亲属，又不搞宣传工作，还真有些大惑不解。

　　其实里面有个小插曲。

　　谢老先生家居住的是系统房，按理不属于房管部门维修范围。有一回他们家马桶水箱漏水，老人找系统所属单位打听，根本没有修理马桶的部门。他寻遍了周围的街道里弄，也找不到这种修理的摊店，白天，黑夜，那"滴滴滴"的漏水声，真叫人烦心，怎么办呢? 一天，他外出办事，偶然在路边看到挂着一只"夜间报修箱"，下面署名的是中山北路房管所徐虎，便抱着试一试的心情，

△ 徐虎推着他的"老坦克"自行车准备外出维修

向箱内投了一封报修信。

哪知当晚徐虎就来了，只见他踏进门来，二话没说，直奔卫生间，熟练地拉亮电灯，着手查找马桶水箱漏水的原因。

姜老太还没来得及端水倒茶，徐虎已经起身告辞：

"老伯伯，水箱好了，以后有问题，尽管来找我好了。"

谢老先生往那抽水马桶一看，果然没了声响，滴水不漏了。他惊喜之中，正想向徐虎道声谢，不料徐虎转身，宽大的身影已消失在黑暗之中。

事后，两个老人与邻居谈起此事，邻居惊奇地说："徐虎是劳动模范，你们怎么不知道？"

老人懊悔不迭，恨自己那天连劳模的面相也没看清楚。

这天以后，两位老人开始注意报纸上有关徐虎的报道了。果真，他们发现报上不断刊出有关徐虎的先进事迹。从此，只要报刊上有徐虎的新闻和照片，他们都想方设法去买来，剪下后用一本专用笔记簿来贴。

人家问他们为何这么一本正经地剪报纸，两位老人笑嘻嘻地回答："看看徐虎，想想自己，我们感到惭愧的是与劳模间的差距太大了。把徐虎事迹剪辑成册，一方面可以鞭策自己，一方面也可以作为教育子女的新材料，让他们都成为徐虎那样的人，无私无畏，乐于奉献。"

后来，随着时间的推移，报纸上有关徐虎的报道越来越多，他们家的简报本也越来越厚了。

"从提高市民生活质量，实现可持续性发展的目标来看，西方国家经过了相当长时期才意识到没有可持续性的发展是危险的，无视生活质量的生活标准提高是没有意义的。但要真正把这种认识变为现实，离开徐虎身上所体现的那种精神是不可能的。提高生活标准需要相当多的物质积累，但对于提高生活质量来说，在资源投入数量既定的情况下，更重要的是人们良好的精神素质和人际关系。"谢老先生戴着老花镜，认真地低声读着报上的文字。

自学成才的技术能手

→ "虎牌"工具

★★★★★

　　不知从什么时候起，有个不成文的规定，居民报修抽水马桶，必须向房修部门预付押金。这是因为拆卸马桶容易碎裂。

　　徐虎也遇到好几起在修理中马桶碎裂的事。虽然居民没有责怪他，但心里总不是滋味。

　　有一次，一户居民家的马桶堵塞了，请徐虎去修。徐虎花了九牛二虎之力，将马桶拆下，疏通了堵塞，又将马桶安装好。那居民见徐虎累得满头大汗，说："徐师傅，你辛苦了，太谢谢了。哎，假使有什么工具能不拆马桶就能疏通堵塞，那就好了。"

　　居民的话触发了徐虎的灵感，他想："是呀！这马桶的内部构造并不复杂，如果能制作一只与抽水马桶内部结构相似的钩子，那修马桶时就不需要拆下再装上了。"

　　于是，他利用业余时间走访了几家卫生洁具

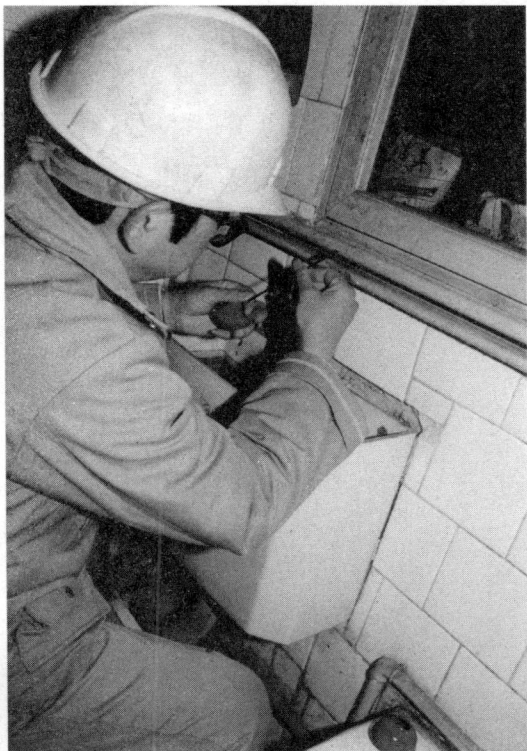

▷ 徐虎用自制的"虎牌"工具为社区居民修理抽水马桶

厂，弄清了各种型号的抽水马桶的内部结构，又经过反复琢磨，反复实践，最后用 8 号粗铁丝制成了一种和抽水马桶内部结构相似的钩子，并起了个名字叫"钩吊"。他用这种"钩吊"，不拆马桶就疏通了好几户居民的马桶阻塞，取得了相当好的效果。

有一次，一户居民的抽水马桶发生粪水倒灌，一家专业疏通公司抬来了机械设备，花了 3 个小时没有修好。居民在情急中想起徐虎，立刻去向徐虎求援。徐虎带了自制的疏通工具，只花了 6 分钟，便让管道畅通无阻。

除了疏通马桶的"钩吊"以外，徐虎还买了许多电工、物理书，悉心钻研，试做了好几种通污水管的专用工具，创造了一整套疏通沟、管的"钩吊"、"顶压"、"加温"等新方法。这些工具和方法除了徐虎自己用以外，还在自己的管养段推广。同事们经过使用，感到十分得心应手，仅拆马桶率就降低了70%~80%。劳动强度减轻了，修理的效率提高了，也大大减轻了居民的负担。同事们都把徐虎制作的工具戏称为"虎牌"工具。而他的工作法，被称为"徐氏疏通法"。

→ 疏通大王

★★★★★

在一次与装卸工人的交流中，徐虎说，光有为人民服务的热情还不够，要有一手为人民服务的绝活。接着他就说了自己亲历的一件事。

一个6月艳阳天，这鬼天气怎么这般热。刚才还有些风，现在像折扇一般折叠了起来。人行道旁树叶纹丝不动。空气像发酵的面团，嗞嗞地膨胀。

伴随徐虎踏遍大街小巷的是一辆使用十多年的老"坦克车"，它是徐虎为民服务的"帮手"，更是"见证"。不换新车，徐虎的理由是：你别看它外表锈了，但我经常修理它，"心脏"健康得很，再说骑了十几年已有感情了，也不舍得扔。更有一宗好处，那就是这样的旧车搁哪里都没人偷，晚间修理不用担心。

此时，徐虎脚下的自行车轮胎好像随时要爆掉似的，他不敢骑得太快。从苏州河北光复路一路骑来连遮阴都少了，现在，车正沿成都北路朝南驶去。衬衫早脱下挂在车把上了，徐虎身上的汗衫也全湿透了。

本可以不来，这几天突然高温，维修任务顿时剧增，他在电话里也这么解释过。

上海跃新保健品厂办公楼厕所的污水管道堵塞，造成污秽液体满溢，流进走廊后又漫进了办公室。连续三天之内，这个厂请了好几家修理单位上门清理，付了费用，可污水管一直未能彻底疏通，污水时时还在蔓延。这大热天，臭得连人都不敢进办公室，生产工作都受到影响。

办公室里不知是谁忽然灵机一动，说："不是有全国劳模徐虎嘛，他可是个疏通大王呀。"

这一提醒，厂办主任连忙拨 114，再找中山物业公司，最后徐虎接到了电话。

徐虎耐心地听着电话。他说，根据他的经验，估计是污水管道里有遗留物，需要开挖解决。

挂了电话，徐虎有些后悔了，他想光这么原则性地进行技术指导，

◁ 徐虎在居民家中维修自来水龙头

可能不顶用，实际情况可能复杂得多，他决心去一下。

于是，这天中午，当别人在休息时，徐虎骑车"南下"了。

好热啊，估计气温已上升到 38℃，徐虎顶着酷暑骑车一个小时，终于来到地处南市区鲁班路的这家单位。

对方见到汗淋淋的徐虎十分感动，想让他坐下歇歇凉，喝杯茶，再去查看输水管。徐虎说，先去通管子吧，待会儿还要回去上班呢。

徐虎的估计是对的，污水管里真的有遗留物，由于徐虎在实地具体指导，管道里一根长 80 厘米、宽 3 厘米的白铁皮被抽了出来。从此，这儿的污水管道就畅通了。

厂领导、工人们都十分感激，请徐虎进屋歇歇，喝口水，徐虎连连摇头，说："现在是午休时间，下午上班还有好几处修理任务等着呢！"屋也未进，蹬上车走了。

故事一说完，装卸工人们就感慨万分，其中一位说，我们装卸工人每天的工作主要是装装卸卸，看起来没什么技术，但真想把工作做好，让客户满意，并不容易。例如不同的货物，不同气候有着不同的装卸法，满车的货物都要绑扎牢靠，不能中途散落，又要便于卸车，实现多拉快跑；在目前路况复杂的情况下，既要严格做到安全运输，又要坚持争分夺秒。处理好每一个问题，都需要我们下一番工夫。我们这些小人物，能像徐虎师傅一样把每件小事都办好，也就能为企业和国家贡献出大名堂喽。

➡ 电学高手

★★★★★

晚上7点刚到，徐虎照例又去开箱了。

这张保修单上写着：徐师傅，我家的电灯没坏，但灶间的自来水管却带着电，请您帮我们解决一下。

石泉六村某号五楼，徐虎跨上车不一会儿就到了。这一带管区他特别熟悉，几乎不用手电他都知道哪个门牌哪幢楼。

主人边把徐虎领进灶间，边介绍说："水龙头带电好一段时间了，我曾请工作单位的电工来过，可查来查去找不到原因，实在没办法了，只得请你来帮忙检查一下。"

徐虎皱起眉头，用电笔测测，确有带电现象，但问题在哪里？茫无头绪。他说："今晚使用小心点，我去找些工具，明晚再来。"

第二天晚上，徐虎带足了各种工具，又来到这户居民家。他在询问中得知一个重要情况，就是灶间水龙头麻电，不是每时每刻都有，白天从来不麻电，晚上就经常麻。徐虎听了，心想："白天不麻晚上麻，这表明不是线路跑电，而是水管和某处的电灯开关有关联。夜间电灯开关开了，线路带电了，水管上也带了电。"徐虎估计到了水龙头带电的原因后，马上动手从这方面勘查。他凭着自己熟练的技术，一会儿用电笔测，一会儿校灯头，忙了好一阵子，最后下了结论："你们五楼水龙头带电，原因却在四楼。"

徐虎又来到四楼勘查，终于查到了根源：四楼灶间灯一亮，五楼水龙头就麻电，反之就不麻。徐虎说："这是他们装修时，线路接错了。只要把线路改正过来，你们五楼就不会再麻电了。"

但四楼的住户感到奇怪，五楼麻电怎么与我家有关？但是问题明摆着，你一拉开关，上边就带电，因此也不再说什么。

徐虎很清楚，这种老式公房"三模一板"结构，钢筋烧电焊，最易碰到电线。他拿过旋凿，轻轻地把电线接头一个个拆开来，把砌平的灰沙一点点凿下，露出了那根裸露的电线，用包布和塑料管严严密密地包裹好，并把另一段拆下，换上一段新线，说："好了，不会再跑电了。"

四楼的居民原先怕徐虎这一弄，自家的装潢全破坏了，现在看到他如此小心翼翼，一点不影响原房间的装饰，便放心了。

五楼的居民见徐虎为自己家排除了麻电故障，十分感激地说："徐师傅，真太感谢你了。你不但是个真正的劳动模范，而且是个顶呱呱的技术能手。"

打这以后，徐虎更加注意钻研电这门学问，他经常买书来看，边干边学。所以居民报修电路故障，他都能在短时间内判断出原因和方位，迅速排除。在上门服务中，他还热心向居民介绍各类家电的正确使用方法，降低了线路的故障报修率。

➡ 姜老师的遗憾

★★★★★

可是徐虎靠自学取得的这一切成绩，在姜老师看来，总是有一份遗憾。

姜老师也是个热心人，她这位有着 40 多年教龄、教过近 600 名劳模的全国教育先进工作者，早就认准徐虎是棵学习的好苗苗。说来也有缘，姜老师是在劳模册上认识徐虎的，她经常注意新老劳模的学历，然后物色一个盯牢一个。徐虎这么出色，她当然不放过喽。

"姜老师来了。"看到大学预科班的优秀教师老姜从门外进来，徐虎连忙起身，随手洗净了一只杯子，泡上茶递过去。

"姜老师，不好意思了，为我读书的事劳您一次次从老远跑来。"徐虎这种特别感激的心情，倒使得对方感到不安起来，姜老师接连说："没关

系，没关系。"

其实两个人心里都明白，为了一件事——徐虎读劳模预科班的事，已经面谈不下 10 次。

"徐虎，你的工作成绩我都看到了，但劳模也要知识更新啊，你是初中文化程度，该不该补一补？"姜老师苦口婆心，利用暑假一趟趟地跑。这不，大热天，浑身像水里捞出来似的。徐虎这时倒像一个刚挨批评的小学生。

上一次，姜老师花了大半天时间，又跑房管局，又跑房管所，单位领导"口径"如出一辙：徐虎是我们的标兵，知识充电固然重要，但是否等一等。

徐虎不是不想读书，当他被姜老师"拽"进教室后，他倒越读越有劲，觉得这文科预科班很有意思，长了不少知识，还新结识了那么多朋友。

白天是全脱产上课，晚上他照样开箱服务。徐虎文化底子薄，但学习用功，有股子韧劲。有时晚上做功课一直熬到凌晨，妻子睡了一觉，醒来嘟囔："怎么，考状元呀，都下半夜了。"

姜老师怕徐虎学习跟不上，就给他开"小灶"，还经常把同学整理好的笔记复印好，亲自给他送到家里来。千军万马过独木桥，徐虎还真的过了。通过预科统考，姜老师才松了口气。

哪知就在这个时候，发生了姜老师意想不到的情况。

徐虎的上级部门的大小领导一次次地上门找她，说他们准备推荐徐虎参加全国劳模评选，因此希望徐虎在原岗位上继续坚持工作。领导也上门做徐虎工作，告诉他这是中断30年的由国务院评选的全国劳模，机会很难得。希望他仍能坚持在原岗位努力工作，而把读大学的事情放一放。

徐虎听从了领导的意见，放弃了学业，当时他想：大学预科班的资格能保留三年，将来或许还有机会。

随着时间的推移，徐虎一直没能等到进入大学校门的机会，大学预科班的资格也随之取消了。

只是姜老师还经常对人唠叨："太可惜了，如果徐虎坚持读下去，早就大学毕业了。"她留下了深深的遗憾。

我爱我家

玉兔和老虎

都说"墙内开花墙外香"，这就是个问题！为何"墙里开花"不能先"墙里香"呢？这样"花"才能装扮春天、香飘千里。但"花"开满堂需要创造适宜的开放氛围和生存环境。先进人物与常人一样，生活在具体的家庭中。徐虎挂箱服务后，虽然父母妻子对他很支持，但普陀区房管局和徐虎所在的中山北路房管所领导仍然经常进行家访。逢年过节，领导们都要带着鲜花登门庆祝和鼓励。在开"贤内助座谈会"的时候，有一个人总会被不断提起，那就是徐虎的妻子——侯梅英。作为家属，侯梅英说，她分享、感受到徐虎为人民服务的光荣和幸福。

侯梅英人到中年，仍然身材匀称，风姿绰约。她比徐虎小一岁，由于徐虎不太会做家务，对于妻子来说，他好像是个小弟弟。侯梅英很聪明，她明白一个会爱的女人要心中有数，有时候，男人是个永远也长不大的孩子。在他们内心深处，埋藏着一角柔弱。对徐虎来说，妻子是整个家的顶梁柱，是他事业得以成功的精神支撑。

每天徐虎晚间开箱修理回来，侯梅英都会陪着他边吃晚饭边聊天，唧唧哝哝地说些私房话。回想这段姻缘，她有时自己也要笑起来。

他俩是徐虎二姐夫介绍认识的。徐虎属虎，梅英属兔。两人本在一个生产队，抬头不见低头见，侯梅英眼里的徐虎老实勤快肯帮人，徐虎认为侯梅英为人单纯爽快，所以经人一撮就合。其实，两个人性格一个刚烈直率，一个温和可人。谈恋爱时，有时外出吃饭，点了菜后，徐虎一把就拉过自己爱吃的菜扒起饭来，侯梅英忍俊不禁，扑哧笑了。

一次徐虎出差回家，特意带回几条漂亮的裙子，他想讨好爱妻。哪知侯梅英把裙子往水里一浸，顿时缩短几寸："阿虎，你怎么搞的，连拍马屁都要人教吗？"侯梅英又好笑又好气。丈夫连衣服都不会买！

妻子也心疼丈夫这些年来没好好穿过几件像样的衣服。丈夫爱干净，每天下班回家总是脱去那件散发着汗臭的工作服，换件清爽衣服套一下，可一会儿又要换回来去开箱。梅英阿爸65岁生日前，梅英想给徐虎买套新衣服。到时，几个姐妹和连襟都到场，都穿得漂漂亮亮地上门给阿爸拜寿，讨老人喜欢。丈夫也得穿得像样些。

于是，这天下班后，梅英跑了好几家商场东挑西捡，替徐虎买了套满意的蟹壳青西装。她想，徐虎白白的皮肤，戴上副宽边眼镜，斯斯文文，再穿上这套笔挺的新西装，在侯家几个女婿中也不会差了。

第二天是星期六，饭后，梅英临去娘家时对徐虎千叮咛万嘱咐，说："傍晚去看丈人，我买的西装不要忘了穿！"徐虎一口答应说："那

△ 徐虎夫妇辅导女儿温习功课

当然。"

梅英先来到娘家，高高兴兴地帮着洗菜、烧菜，晚上5点刚过，丰盛的酒宴已摆上桌子。姐妹们领着丈夫、子女，穿着时装来了，客厅里顿时欢声笑语，热闹非凡。可是左等右等，一直等到晚上6点钟还不见徐虎到来。梅英心里急，又恨起徐虎来。丈人知道徐虎是劳模，工作忙，也不在乎什么，先招呼一家人吃起酒来。

宴会已接近尾声，几个小孩早已丢掉碗筷在玩耍了。这时，徐虎骑着那辆"老坦克"，浑身湿漉漉地赶来，洗了一下手，就连连拱手作揖，向老人赔不是，又坐到妻子旁边，脸上现出内疚的神色。

丈人倒是乐呵呵的，忙着替女婿斟酒："徐虎，你忙坏了，肚子一定很饿吧。"说着，先夹了一些肚丝和油爆虾递过去。

倒是侯梅英气死了。好你个徐虎，西装不穿倒算了，看你那身"脏服"，袖口还沾着粪水痕迹，就这么大大咧咧上座了。她头别过去，一脸的不高兴。

丈人说："阿虎，你快吃吧，菜都凉了，汤要热一热。"说着，还对梅英解释："一样是房管所工作，到底是劳模，忙多了。"老丈人的语调里竟有一种扬扬得意的自豪。

事后，侯梅英才知道，原来那天下午 4 点，徐虎穿好那身蟹壳青西装正待出门，偏偏又接到报修，是一幢楼的污水管堵了。他匆忙换上工作服，急急赶去。又是通管道，又是掏阴沟。等到一切办妥，一看手表，心里一凉：坏了，忙了整整 5 个小时，耽误了祝寿的时间，顾不上换衣服，便匆匆赶来。

晚上回到家里，侯梅英见到那套崭新的西服，心想："明年阿爸生日，徐虎不用买新衣了。"但转而一想，她又叹口气："哎，明年到了这天，不知他又要闹出什么新花样来呢。"

为了衣服的事情，夫妻俩可没少起争执。

有一年夏天出差，侯梅英从外地捎回一件麻质 T 恤，当时很流行，她让徐虎试穿几回都没试成。那些日子天热，水电维修量陡增，徐虎天天忙到深更半夜的，回家时娘儿俩早已睡了。

星期天好不容易把他逮住了。妻子说，你徐虎再忙，休息天试穿件衣服的时间总有的。

徐虎爽快地说:"行,等我外边逛一下,回来试穿好不?"

哪知一走出门,就再也不见他回来。

早上,他是去帮一家孤老粉刷墙壁,房子不大,小半天就粉刷好了。

徐虎回家路上,在新村门口碰到一群小青年。他们有的大声叫嚷,有的搔头摸耳,其中有两个球迷干脆捶胸顿足,急得没法说。

徐虎站了一会儿,才听说这里断了电,估摸晚上那场精彩的足球比赛电视转播看不成了。

徐虎深知球迷看不到足球转播的那种心情,便上前说:"你们别急,我是管养段的水电修理工,包你们晚上能看上足球赛,告诉你们,我也是球迷呢。"

下午,徐虎背着工具箱,来到新村里查线路,看保险丝,终于排除了故障。几个小青年高兴地跳了起来。

晚上,徐虎少有的开心,7点开箱,报修单一张没接到,他急匆匆地赶回家,进了门便说:"报告一个好消息,今晚有精彩的足球赛电视转播,我们一家一块儿看。"

侯梅英说:"好哇,你们先看电视,可别忘了试穿那件 T 恤啊!"说着,到屋里去取。徐虎则捧着酒盅喝酒。

电视机刚打开,门也敲响了。

"哎,又是请徐虎的。"侯梅英把 T 恤往床上一扔,差点叫了起来,"修,修,修,你们怎么一刻也不放过徐虎?!"

徐虎却笑呵呵地对女儿洋洋说:"爸爸就回来,前边的比赛你给我录下哦。"

洋洋"嗯"了一声,轻得只有她自己听到。

那晚，徐虎回来得很晚，侯梅英也疲倦地眼皮打架，迷迷糊糊地说："饭菜你自己去热，那件T恤……"

侯梅英一觉醒来，见身边没有了徐虎，打开灯才看见徐虎躺在沙发上，身上穿着那件T恤，不时响起呼噜声。她怕惊醒他，蹑手蹑脚过去，把一床毛毯给他盖上去。窗外，偶尔传来几声夜行汽车的喇叭声，听起来特别刺耳。但侯梅英的心中很满足，因为丈夫总算没忘记穿上自己买的T恤衫。

爱上徐虎这样一个男人，侯梅英并无悔意，因为她理解徐虎的一片真情。但要说委屈，却是常有。那次，侯梅英生病住院。白天还好，一到晚上，看到邻床的病人，都是丈夫端茶送饭，说一些贴心的话，只有她一人孤单单地躺在病床上。旁人向她投来异样的目光，深深地刺痛了她。梅英伤心地掉下了眼泪，心里埋怨："徐虎啊徐虎，你真是个铁石心肠。平时我来服侍你，现在病了，你也不关心一下，把我一个人扔在医院不管了。"

侯梅英越想越恼，竟把气发到报修箱上。"嗨，怪来怪去还得怪三只箱子，把徐虎拖得那么牢。"她一赌气，翻身把头也蒙上了。

当她病恹恹快入睡的时候，徐虎不知从哪里蹦了出来。见她醒来，他坐在梅英身边一个劲地问："你身体好一点吗? 想吃啥东西，我现在去买。"

"假殷勤，现在啥辰光，还买得到东西? "妻子揉了揉眼嗔道。

徐虎顺手从口袋里掏出两件工艺品，对妻子说："你看，这礼物好不好？"

侯梅英眼睛亮了起来。这是他俩的生肖工艺品：玉兔和老虎。尤其那个兔子，雕刻得玲珑剔透，活泼可爱。

"梅英，你说我不陪你，嗐，从现在起，兔子和老虎可以 24 小时都碰头了。"徐虎说着，眨了眨眼。

这一说，侯梅英鼻子一酸，差点掉下泪来。

妻子眼里，丈夫是个不顾家的人，但他常常会做出一些小举动，让她感觉到温馨。她知道徐虎是个有情有义的丈夫，对别人尚且如此，他内心是深深爱着她的。

➔ 羊吃老虎

★★★★★

一早起床，还有些睡眼惺忪，女儿洋洋就兴冲冲地对父亲撒娇："爸爸，今天你得听我的——

晚上5点准时回家，你记住了吗？这是羊年最后一天了。"

徐虎属虎，女儿属羊。为避"羊入虎口"之忌，徐虎听从老人意思，特地给女儿取名徐洋。他说："我这只纸老虎，常常是碰不得羊的。"可洋洋头一偏，却认真地说："爸爸看来是笑面虎，这些年来，他不知吃掉我多少节假日，我要他赔。"

对于夜间报修箱，侯梅英是同意的。可女儿洋洋却很有意见，因为从小学到中学，爸爸连一次家长会都没有去过。连徐洋的老师也觉察到了这一点。有天，徐洋被老师叫住："喂，你爸是劳模，怎么对你这么不关心，今天家长会，你妈来不算数，我们老师要见见你爸爸。"

侯梅英闻言，倒犯难了。她为徐虎想了个"缓兵之计"："家长会是晚上7点到8点，喏，你6点半跟我一块儿去，见到老师后就走。"这个家长会，徐虎是到了，可参加的还是侯梅英，徐虎照例去开他的报修箱。

像许多爸爸妈妈一样，徐虎和侯梅英对女儿徐洋寄托了厚望。

洋洋聪明灵慧，自小多才多艺，爱好广泛。上幼儿园大班时对电子琴发生了浓烈兴趣。徐虎到西康路二小的业务学习班为女儿报好了名。可徐虎晚上7点开箱，不能送洋洋学习，接送女儿的任务全落到妻子头上。

徐洋上小学二年级时，在报上看到小天鹅芭蕾舞团的招生广告，一个劲拖妈妈去报名。

嘿，洋洋真行，几千个同龄人层层筛选，洋洋成了几十个录取幸运儿中的一个。洋洋那个高兴劲儿，全家看了都高兴。

学校很远，在虹桥路上，一星期安排两个晚上的课程。这可苦了侯梅英，商量结果，还是动员老父亲每次先把洋洋送到侯梅英的单位里，让洋洋做完功课，她下班后再用自行车送女儿去西郊芭蕾舞学校。每次要骑一个多小时。到了芭蕾舞学校，徐洋在场上练舞，妈妈就在那里当观众，一待就是两个多小时。

每次练完舞回家，侯梅英在车上蹬着蹬着，就发现女儿已在打瞌睡。几次下来，大人孩子身体都累坏了。

侯梅英找徐虎商量，哪怕一周徐虎能抽一个晚上，那全家熬一熬也就过去了，可徐虎夜夜开箱，看来女儿的"芭蕾梦"要破灭了，徐虎心中也难过。

妻子到学校要求退学，老师大惑不解："人家想进都考不进呢。徐洋这孩子接受能力强，又吃得起苦，她身材、弹跳都好，放弃实在可惜。你如果一个人送吃不消，叫洋洋爸爸也送送。"

侯梅英怎么解释得清呢。她只能说："在我家，啥事都别指望她父亲。"

洋洋只得从芭蕾舞学校退了学，她有些恨父亲。在她幼小的心灵里搞不懂这样一个问题：人家的爸爸陪孩子学还陪孩子玩，可我爸爸呢，答应了的事都会忘记。家里早有照相机，可一共只出去过一回，还只拍了半卷胶卷。

光阴荏苒，转眼女儿变成小学四年级的大姑娘了。她作为校合唱队的领唱，被推荐参加上海音乐学院附小"春笋"合唱班，每个星期天上午去那里排练演唱。当时是 6 天工作制，星期日对徐家这个主妇有多重要，结果权衡再三，徐洋最终也没去成。

侯梅英为女儿的事常对人解释："我累一点不算什么，倒是连累了女儿的前途，这怪谁呢？"可是，当她听到徐虎有时叹气说"洋洋

全是我耽误了"时，她除了含泪还能说什么呢?

徐洋12岁的那年最后一天，已长成大姑娘的徐洋:那头齐耳短发，绯红的脸蛋，明澈见底的眸子。徐虎看着女儿:"呵，明天洋洋13岁了，时间多快啊，我这当爸爸的已经好几年没和女儿一起吃年夜饭了，今年是羊年，洋洋，我一定争取回来吃年夜饭。"

洋洋听了高兴极了，说:"好爸爸，一言为定，今天我们一定等你回来，全家一起吃年夜饭。"

上班后，徐虎接了几张报修单，便一户一户地上门维修。根据经验，只要自己抓紧一点，白天把这些活干完是没什么问题的。只要7点钟去开箱时，报修箱中没有报修单，那么今年便可以好好地在家吃一顿年夜饭，和家人一起过个团圆年了。

这一天，他的手脚似乎特别麻利，精力也特别充沛。上午修了两家，下午修了三家，到下班的时候，几张报修单的活全部完成了。

徐虎回到家里，妻子侯梅英正忙碌着。她见徐虎回来了，说："阿虎，你答应女儿一定回来吃年夜饭，所以我准备的菜也特别丰富。你看阉鸡、基围虾、河鳗，还有，我特地给你准备了一瓶五粮液。"

徐虎深情地朝妻子看了一眼。他能充分领会到妻子的一片心意，也知道父母和女儿期待他一起在家吃年夜饭的心情。

他在家休息了一会儿，晚上 7 点了，便骑着"老坦克"去开报修箱。说来也巧，今天三只报修箱内都没有报修单，徐虎心想："看来，今年真能和家人一起好好吃顿年夜饭了，洋洋一定很开心，全家人一定都很开心。"

正当他兴冲冲地往回骑时，潘家路 123 弄 9 号的一个居民急急拦住了他："徐师傅，我们一幢楼水箱没水，眼看烧不成年夜饭了，也煮不成汤了，你能不能……"居民带着急切又十分歉意的神情。徐虎毫不犹豫地回答："行，我一会儿就到。"他回到家，喝了口水，不敢正视妻子和女儿殷切期待的目光，却淡淡地说了句："一幢楼水箱没水，许多户人家正在着急。"说完，背起工具袋匆匆出了门。

直到晚上 10 点多，徐虎才拖着疲惫的身子回到家。家里灯火通明，父母、妻子、女儿果然执拗地在等他回来再吃年夜饭。

徐虎心生愧疚，向饥肠辘辘的父母、妻子、女儿深深道了歉。

他慢慢呡一口酒，笑眯眯地看着女儿说："洋洋，不是爸爸不想早点回家，做人总得讲个信誉，我既然实行了全天候服务，就非得坚持下去不可。你长大了，你说爸爸做得对不对？"

他们年夜饭还没吃完，突然，砰的一声巨响，一声爆竹过后，震耳欲聋的鞭炮雷鸣般地爆响起来，一束束烟火腾空而起，天空里顿时布满无数鲜艳的花朵。

此时徐虎的心里甜滋滋的，他似乎看到家家户户欢乐的情景。"辛苦我一人，方便千万家"，他的心比蜜还甜。

→ 徐家的"挂箱节"

★★★★★

徐虎家拥有一个特殊的节日，那就是每年 6 月 23 日的"挂箱节"。

这一天，侯梅英照例当一回"领导"。现在她由管理员改任分公司副经理，在行业中的"官"职要比徐虎大呢。

一大清早，她就上菜场，专挑徐虎爱吃的鱼呀、豆制品呀，还有最时鲜的蔬菜，最后还会捎上两瓶尖庄酒。

吃饭前，桌子上早已堆满了有关徐虎的报纸报道、居民的表扬信和一些名人名言录。

徐虎的父母都戴上老花眼镜挤过来凑热闹，他们最爱看报上发表的徐虎照片，胖啊瘦啊，老啊年轻啊，评头论足，让徐虎觉得有些难为情。

洋洋则满脸自豪地大声朗读一封封充满激情的表扬信，不时还问爸爸这封信、那张条是哪里哪个人写来的。

看到夜间报修箱除了自己一个人特别关心外，还有全家人的牵挂之心，徐虎打心眼里高兴。他尤其觉得洋洋长大了，过去对自己的怨气越来越少了，言语之间还时不时露出了对爸爸的尊敬和关心。

可这一年的"挂箱节"，家里的气氛却与往年迥然不同。

其乐融融的空气仿佛被徐虎回家进门后驱赶一空。

本来回家前，一家都等着徐虎回来后"考考"他——这是惯例：挂箱节上一项主要内容是由徐虎谈一年开箱服务的心得体会。洋洋嘴噘得老高的，她为母亲委屈，白忙了大半天。

徐虎端起那小酒盅，一个劲儿地喝闷酒，等他自己发觉举动失态后，才莞尔一笑："哦，没啥关系，刚才我是在想一个问题，苦于没办法，才闷闷不乐的。"说着举杯，向全家致意。

徐洋非要爸爸说出缘由，她撒娇地夺过酒盅："你不说，就不让喝。"

经过追问，大家才知道有排公房管道堵塞，需要从窨井里疏通，但房前的窨井被泥土覆盖了，手中无图纸，怎么办呢？谁知女儿听后，眉毛一扬说："爸，这事太简单了！我从一本书上看到过一个掘宝的寓言，宝贝用瓦罐藏在地底下，聪明的人在地上浇水，哪里渗水慢，

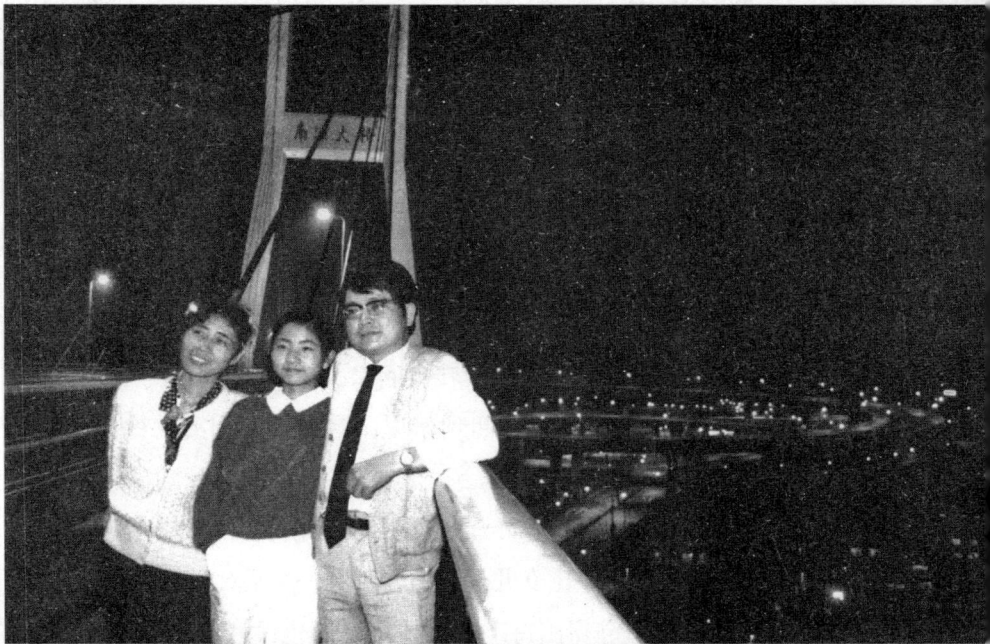

△ 终年忙碌的徐虎，在组织的安排下于第六年挂箱纪念日夜晚游览了南浦大桥

宝贝就一定埋在哪里。"

徐虎一听拍手叫绝，满脸愁云一扫而光，又连着喝了两盅酒。

徐虎夫妻和女儿立即一起赶到现场，浇水试验果真灵验，窨井挖到了！接着，他们三人同心合力，很快将窨井疏通了。

回到家，大家重新拾起筷子。徐虎突然端起酒杯道："我有话要说。"

"自从我们家挂上了箱之后，爸妈、梅英、女儿跟着我受了不少委屈，我敬你们。我记得有一年，妈妈住院，洋洋得了肺炎，把梅英弄得焦头烂额的。"

话说到此，侯梅英的脑子里回放起了当时的一幕。

那天，老母亲朱阿大在屋内走了几步，想上趟厕所，突然，觉得胸口一阵发闷，心脏病又犯了。她赶紧向床边摸去，和衣倒在床上。邻居见徐家门开着，一点没动静，朝里一看，慌忙下楼打电话叫救护车。等候梅英赶到医院，老人已躺在病房里了。梅英见老人脱离危险期，总算心里放下了一块石头。她轻声问："妈，我赶回家去烧些鱼汤，待会儿送来。"说完，便转身回家。

哪知屋漏偏遭连夜雨。回到家里，看见提前回家的徐洋一声不响地伏在桌上睡着了。

"不好，头烫得厉害。"侯梅英用手一摸女儿额头，惊叫起来。她赶忙找了些退热药，让女儿用温开水服下，想等徐虎回家再送医院。

这一晚，家里静得出奇，锅里连一粒米也没煮。

徐虎刚踏进门，侯梅英就一把拉住他的手："徐虎，妈妈发心脏病住了医院，洋洋也发高烧了，我等你回来一块儿去挂急诊。"

徐虎原本准备回家收拾一下去开箱的，时间快到 7 点了。见家里乱得一团糟，他也不忍心马上走，就恳切地对妻子说："梅英，我去叫阿姐来，陪你一起去医院，我要开箱，早点修完，再去医院。"

儿童医院急诊室的护士一量体温："哎哟，41 度，你们大人怎么拖到现在才送她来看病？"

护士皱着眉瞄了侯梅英一眼。

打了针后，医生说徐洋要住院治疗，有可能并发肺炎。

侯梅英急了：一个老的要去陪夜，一个小的再进去，我一个身体劈成两半吗？她一狠心配完药就抱洋洋回家了。

这天，徐虎修到晚上9点多才回家。他见洋洋已睡着了，便立即赶往医院探望母亲。见母亲病情已有好转，才放心地回到家里。

第二天徐虎和侯梅英都要上班，洋洋一个人孤零零在家里，白天由爷爷照看，吃药时大家轮流跑回家。过了中午时分，老父亲来到房管所，气喘吁吁地找到徐虎："阿虎，洋洋病得厉害了，一直咳嗽，高热不退，我一个人怕挡不住，你要回去看看。"

原来，洋洋这时已并发了肺炎，连生命都有危险。

徐虎看看手表，还未开口，同事们都急着赶他走："你先走吧，这儿有我们呢。"有位同事见徐虎执拗地不肯提前下班，便急着给所领导打了电话。所党支部书记立即赶到段里，下了行政命令："今天这半天假，组织上给了。"说着，他连推带搡让徐虎回家。

心里悬着块石头，徐虎飞快骑车回家，抱洋洋去医院打了针。刚回到家，只见党支部书记买了水果上门探望来了。

徐虎一把握住党支部书记的手，泪从眼眶里掉了下来。

尽管家里有两个病人，但这天晚上7点，徐虎仍坚持去开了报修箱。

回想起这件事，徐虎说："我们家的这个挂箱节，是用全家人对我工作的支持换来的。我谢谢你们！"说完，一饮而尽。

这一年的"挂箱节"，徐虎一家都觉得过得特别有意义。

感动中国

→ 不是明星的明星

★★★★★

　　在这个物质极大丰富的时代中，社会变化万千，风云人物不断出现。其中不乏企业经营者、歌星、影星们。在上海这座现代化大都市里，却出现了一个深受人们关注、赞扬的明星人物——徐虎。他成为上海服务行业的焦点。

　　家住光新新村的老周，是某剧团的编剧。出于职业的敏感，他对富有戏剧性的事件特别感兴趣。

　　一天傍晚，他上街无意间看到了徐虎的夜间报修箱，便想起自己家的水龙头坏了，顺手投了张条子进去。半小时后，他脚才跨进门槛，徐虎已经到了。若不是徐虎身上背着一只大工具包，老周怎么也不会想到，面前这位白净脸、文文雅雅的青年是位水电工。

　　不信也得让他相信，就是这位"白面书生"，干活干净利索，三下五除二，一下子修好了自家的水龙头。顿时，他心中油然滋生了几分敬意。

△ 欢送徐虎事迹报告团赴京报告会场外等候的人群

　　徐虎连水也不喝，又赶去下一家了。真是闻名不如见面，见面胜过闻名。徐虎不简单。晚上7点以后是大家休闲娱乐的黄金时间，他却为居民义务修理。哎，这才是奉献啊。老周逢人就夸徐虎。同时，心里也产生了一个想法："这人身上有戏，说不定能写出个好剧本。"

　　不久，剧协的几位编剧受老周怂恿，专门为徐虎开座谈会，准备写一出戏。

　　座谈会结束，几个编剧大失所望：徐虎介绍的只是一些平凡的小事。"每天"事端总是从开夜间报修箱开始，接着是"×弄×号抽水马桶坏了"结束时一句"我修好了"。如果追问"徐虎同志，这里有没有什么戏剧冲突？"他总是淡淡回答："这是我应该做的。"

"没戏！那是众口一致的评定。"于是老周原先的设想落了空。

倒是东方电视台的编导在徐虎生活、工作的现场，感受到动人的一幕。那是一个持续 38℃ 的高温天，他们为徐虎拍专题片。开拍不久，正巧附近一幢大楼突然断电，20 多户人家由于空调、电扇失灵，纷纷走出房间。一位居民赶来向徐虎求救。徐虎很快过去排除了故障，整幢大楼刹那间灯火齐明。

电视台的摄像机跟着徐虎拍到这样一个感人场面：徐虎修复电路后要走了，兴高采烈的居民们自发排成两列，夹道欢送。孩子们围着徐虎大声欢呼着："灯亮了，灯亮了。"

拍片的记者兴奋了："这样感人的场面，我们随手就拍到了，太过瘾了。"

可随着时光的流逝，徐虎的名声越来越响，故事、事迹一篇篇见之于报刊，什么"感动得要给徐虎下跪的一对老夫妻"、"四口残疾之家的大恩人 —— 徐虎"、"风雨十年报修箱"，不胜枚举。

徐虎事迹感动了千千万万的人，在上海、在全国涌现了无数的"小徐虎"。

老周他们又坐不住了，他们知道过去对徐虎了解得太不够了。徐虎身上不是没戏，而是很多戏没挖掘出来。在中国从计划经济转型至市场经济的过程中，社会变大了，机会变多了，不少人把自己的目标定在如何发大财而后享大福上，似乎只有这样才是适合市场经济的发展。正是这种过高的、不切实际的、自我中心的人生定位，使一些人陷入了误区，引起了某种程度上的社会角色混乱，以及与此相生的职业道德、社会公德的偏失。于是他们再次来到徐虎所在的工作单位深入生活，一个个闪光的故事冒了出来。

故事一：

80 年代初，个体户很吃香，没几年，一个个成了万元户。徐虎少年时的好伙伴阿五头就是做生意发了财。他还想找几个帮手，把生意做大。这天，他上门来找徐虎。阿五头递上一根红塔山香烟，说开了："阿虎，你也算是个大男人，日里夜里都勤奋努力，我还当你早就发财了，没想到还是老样子。"说着，从口袋里抽出几张百元钞票，"给阿嫂、洋洋添些衣服，买两条外烟抽抽。"

徐虎摇摇头拒绝了。他也不分辩，心里却想：人各有志，我是共产党员，心里自有主张，发财？要发财就不去挂箱了。

以前一些菜农朋友，也常常风驰电掣地开着摩托车来看徐虎，打探造房经，有的还盘算玩玩私家车呢。他们也劝徐虎："你名声好听，市劳模，全国劳模，可是两袖清风，两手空空，走到哪儿都瘪缩缩，何苦呢？你要是像我们这样，早发过我们了。"

20 年前，他们春季插秧，秋季割稻，谁和谁都一个样，没比的，可市场经济一来，水落石出，富的穷的，分得清清爽爽。徐虎对他们的阔气，并不眼红，听了也只是笑笑，说："我并不是对金钱视而不见，只是对不应拿的钱坚决不拿。"

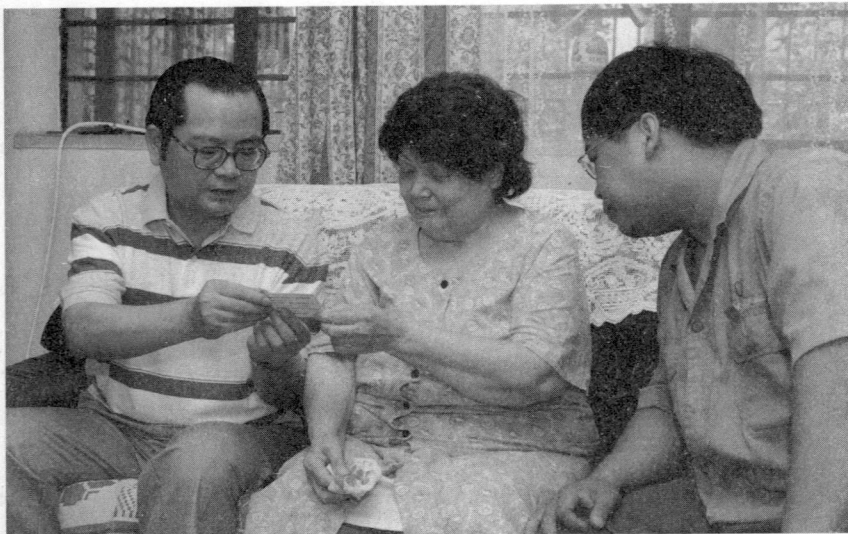

△ 徐虎走访社区中特殊服务对象——一位外国友人

故事二：

一位刚从美国归来的老太太，一回国就遇到一件麻烦事，抽水马桶不知何故，突然塞住了，大小便也只好下楼去找公厕。

她听邻居说附近挂着个房管所的报修箱，你一投报修信，当晚就会有师傅来上门处理的。她马上投了信，心里却有些将信将疑：离开中国好几年了，这新村里弄房子物业管理竟有这么大的改进？她有些不信。若是在美国，24 小时服务，只要一个电话，半小时必到。当然美国的修理费用也是十分昂贵的。

投信后，她坐立不安，不住地看着手腕上的表，一会儿走到窗前，一会儿踱步走进盥洗室，十分心焦。

一阵敲门声打断了她的思绪。徐虎一进门就说："对不起，刚才一户修得晚了，让您久等了。"老太太看到徐虎白白净净，一副儒生的样子，先自有了好感，她取出几包三五牌烟，丢在桌上，说："先生，请随便用。"然后便带着徐虎去盥洗室。

徐虎仔细询问了主人使用的情况，然后闷声不响地修理起来。

他先想起泵头压，但由于压力不够，起不了什么作用。又从帆布工具袋里取出自制的"钩吊"，连抠带掏，折腾了好一会儿，总算把卡住的东西勾了上来。然后又捡出许多鱼肉骨头。

老太太鼻子一哼，皱了下眉头，说："先生不好意思，我搞不懂，在美国生活时，再大的东西扔进去也不会塞住，什么原因？"

徐虎笑着解释道："洁具好呀，外国洁具大多连带粉碎机械，草纸及大体积东西下去时会打碎，再有他们的管道也比较畅通。"

"你倒蛮精通的。"说着，老太太从皮夹中抽出几张"大团结"递上去："先生，小意思，如果需要，你尽管讲。"

徐虎用手挡了一下："我们的服务是不收小费的。"这位老太太愣了一下，带着惊讶的神色说："不必客气，在美国让人帮忙是一定要给小费的，活越脏、越累，给的小费越多。"

徐虎笑着摇摇头，轻描淡写地说了一句："为居民服务，是我本分的事。"

故事三：

这天，侯梅英躺在床上，听着厨房门"吱"的一声，那是刚刚开箱服务完回到家里的徐虎在拿菜喝酒。徐虎蹑手蹑脚进屋，怕惊动熟睡的女儿。回家第一件事是擦净身子，整理衣服。即便裤腿上沾点泥巴，他也立马搓掉。妻子为此常常感到诧异：搞房修的见过不少，怎么徐虎衣服老是蛮清爽的，倒好像不是在干活。现在听到丈夫噘酒声，她心定了。刚想入睡，突然有人敲门，敲的声音并不大，只是在宁静的夏夜，屋内听来声音很大。

"徐虎在家吗？"门刚露出一条缝，一声男中音传了进来。

"我在，啥事？"徐虎下意识地抹了下嘴，怕惊醒了老人孩子，把客人领到小厅坐下。

"徐虎，知道你回来晚，才等到这个时间敲门，打扰了。"

"没关系，是不是水电坏了，要修？"

来人挡住了徐虎，嗫嚅着说："我是代表居民们上门来表表心意的。"说着，他从上衣口袋里掏出一个信封，递了上去："徐虎，知道你不肯收礼，我们这10多户人家凑了点钱，虽然不多，但一定要表表心意。"他看徐虎要推的手势，急了，想把信封扔下就走。

徐虎哪肯罢休："师傅，居民们的心意我领了，这个千万不能收，我夜间服务一直是义务的。"

侯梅英在里屋听得清楚，前一天大台风刮坏了低压电网，造成多户居民停电，徐虎突击抢修，连夜修复。为此大家从内心感激徐虎，想了这么个法子。

送走不速之客，徐虎推门进屋，看看妻子是否被吵醒。

他那副眯眼瞧人的样子，倒把妻子逗乐了："徐虎，我当今晚可以太平一点，哪知还是有人来。我帮你总结了一下，夜晚老敲门的有三种人……"徐虎打断她的话语说："第一种，上门报修的；第二种，上门送礼的；第三种呢？""你猜猜，第三种是哪种？"侯梅英开玩笑反问道。

徐虎沉思一会儿，摇了摇头。

"喏，就是那些个被你拒绝的，要我们徐家发大财的财神菩萨。"

故事四：

有一次，一个朋友兴冲冲跑到徐虎家，告诉徐虎，嘉定县有个村急于要完成一项水电安装工程，工程承包30万元。他劝徐虎和他一起承包下来。

徐虎一连抽了几根烟，没有回答。那朋友真急了："你这么傻，像你这样干活，一年能赚多少钱？可凭你的技术和社会名声，赚几万元是闭着眼睛的事。答应吧。"

徐虎想了想回答："老实说，我正想有钱给妻子、女儿买套高级音响呢，可现在我白天工作，晚上开箱服务，哪有空去承包工程啊？我走了，这里的居民水电急修怎么办？这钱看得见也没法拿呀！"那位朋友左劝右劝，见徐虎不为所动，只得另找他人合作了。

还有一次，附近一家物业公司正缺水电技术工人，工资就是2000元，比当时徐虎的收入高出一倍，人家诚心诚意找上门来，徐虎却婉言相拒，说："2000元月薪是很有诱惑力，但我是党员，不能光想着自己赚钱。要多想着群众，多想着作为一个党员的职责。"

诚然，徐虎并不是拒收所有的钱。单位和上级部门对他的嘉奖，他认为自己劳动所得，是自己的价值体现，他会心安理得地收下。他家里添置的健身器、全自动洗衣机都是用奖励劳模的奖金买的。他用这些钱替妻子买衣服，替父母买补品，也常常给新村里的邻居买些需要更换的水表、龙头，资助那些特困户。

△ 图说《徐虎的故事》一书出版的新闻发布会

　　人吃饭是为了活着，但活着绝不仅仅是为了吃饭，为了物质享受。在徐虎面前，我们社会有些人应该感到惭愧，他们缺乏精神上的追求，只图虚名，不图贡献，只讲工作贵贱，不讲业绩大小；只有物质，只有金钱，只有安乐窝才是他们追逐的目标，甚至只知道伸手向党和人民要钱、要官、要名，并以官阶的高低和挣钱的多少作为个人价值体现的唯一标准。这些人在物质上可能是富有的，官位也可能不低，但他们在精神上很可能是贫穷的。

　　在徐虎家的玻璃台板下，压着一份发了黄的简报，上面写着："钱可以买到房屋，但买不到家；钱可以买到药物，但买不到健康；钱可以买到美食，但买不到食欲；钱可以买到书籍，但买不到学问；钱可以买到伙伴，但买不到朋友；钱可以买到服从，但买不到忠诚。"面对市场经济的大潮，徐虎把这段格言作为自己的座右铭。

搞社会主义市场经济，不仅需要一批叱咤风云的厂长、经理和专家、学者，也同时呼唤成千上万的敬业、爱业、肯吃苦、有技术的普通劳动者。从一定程度上讲，无论是高层次的经济决策，还是尖端的高科技突破，最终要形成产品、打开市场，都离不开工作在第一线的各行各业的普通劳动者。我们的社会要取得大的发展，就一定不能忽视普通劳动者的作用，就特别需要一大批像徐虎一样的优秀职工。

终于，搞话剧的写出了话剧剧本，搞电影的写出了电影剧本。不久，以徐虎事迹为素材的话剧、电影都上演了，广大观众在舞台和银幕上一睹"徐虎"的风采。

播撒责任的种子

☆☆☆☆☆

随着全社会对徐虎精神的广泛认同，徐虎在工作之余抽出了更多的时间和社会各界交流分享他的服务心得。

人民大学的学生在和徐虎的一次座谈中，他们最关心徐虎的"敏感问题"。中文系的一位男生问徐虎："您现在得到了很多荣誉，今后有何打算？是否继续挂箱服务？"身着干净利索的两用衫、精神饱满的徐虎回答说："我爱人很支持我的工作，她说，你若挂箱一辈子，我愿陪你到白头。我今天的荣誉是居民给的，只要居民需要，我会一直服务下去，直到退休。"

法学院一名研究生问："您当了劳动模范后有孤独感吗？"徐虎说："没有。单位领导经常找我谈心，我所在的段组也取得了许多集体荣誉。在我开刀住院期间，同事主动帮我开箱，给居民修水修电。"

哲学系 93 级一个男生问："您业余服务近 11

年，当不被人理解时，是怎么想的？"徐虎说："1985年我刚挂箱时，也有个别人风言风语。时间长了，在我为居民的服务中，或者和同事的合作中，他理解了我。我是用实际行动给他答复的。"

更多学生则从徐虎事迹中受到深刻的启迪，纷纷抢着发言。贸易系93级一位学生说："现在，择业先考虑什么？我们应该学习徐虎不计名利、无私奉献的精神。"许多同学也讲述了类似的体会。他们说，我们有理想，有激情，但在择业时往往不喜欢平凡的岗位，参加工作后又不愿干平凡的小事。徐虎在水电工这个平凡岗位上做出不平凡的事情，确实发人深省。徐虎让我们懂得了，不管何种岗位，只要你敬业爱岗，

△ 徐虎在上海市少年宫与小朋友一起参加活动

持之以恒，一定能够发挥出聪明才智，实现人生价值。

徐虎的行动也感动了建设部的领导和广大干部群众。

这是一次不平常的报告会，让徐虎特别感动的并不是报告内容怎么轰动，而是上海市委、市政府的领导、建设部的领导都作为听众坐在第一排观众席上。

掌声一阵接着一阵。

对着台下黑压压一群人头，徐虎内心无比激动。

报告会结束后，领导们还请徐虎吃饭。

席间，建设部副部长李振东同徐虎干杯："徐虎啊，今天饭后，到你家做客去，请你不要拒绝啊！"

建设部领导的关怀，徐虎一直牢记心中。李副部长曾亲临徐虎所在的西部企业集团中山物业公司，对大伙儿说："徐虎也好，班组的同志们也好，你们对普通居民所做的奉献，在本职岗位所做的贡献，党和政府不会忘记你们，希望大家共同创造和珍惜这种良好的工作环境。"部长还特别提醒徐虎本人："不要你光荣大家做，当个劳模要坚持在第一线啊！"

部长上门做客，这还是第一次。轿车向市区西部驶去，坐在同车的徐虎，望着面前这位和蔼可亲的领导，深深感到自己肩上担子沉重。

车到徐虎家的屋前，徐虎陪着部长上了四楼，进了自己的家。徐虎父母一听部长来了，赶忙起身迎接，李副部长抢先一步，握着二老的手说："两位老人家，谢谢你们教育出这么好的儿子，为人民做了那么多好事，我代表建设部向二老问好。"说毕，把一对景泰蓝礼瓶送了过去。

徐阿六、朱阿大第一次见那么大的官，连声说："都是你们领导得好，都是共产党教育得好。"

李副部长在徐虎房间沙发上坐定后，对徐虎妻子侯梅英说："徐虎的功劳、军功章也有你一半啊。"说得侯梅英满脸通红，不知怎么回答。李振东看小徐洋正在小间做功课，过去问："你长大了准备学什么专业啊？"小徐洋毫不犹豫地回答："爷爷，我想搞建筑设计，将来要让建造的新工房结构更合理，水电安装更先进，减少像我爸爸那样的水电工的维修频率。"李副部长笑笑："那好，将来考上海同济大学吧。"

谈着谈着，时针已指向晚间 6 点 50 分，徐虎向李副部长抱歉地说："李部长，对不起，7 点钟是我开报修箱的时间，我曾立下规矩，只要我人在上海，就必须准时去开箱。"

李副部长站起身，说："好，今晚我跟你一起去开箱。"

电话间报修箱旁边围了一大群人，李副部长随意地向几位老人问徐虎，回答都是："我们很熟悉，他是劳模啊！"说得部长爽朗地笑了。

望着前方徐虎背起工具包的背影，李副部长思索起来：徐虎精神的核心之一在于他所具备的强烈的社会责任意识。这种意识贯穿于他一切行为的始终，成为最具有时代价值的东西。"保天下者，匹夫之贱，与有责焉耳矣。"顾炎武的这句话经常被引用，并激励人们的激情，其要义正是最简洁、最科学地概括了人们所应当具有的社会责任意识。当社会没有出现全局范围的挑战，社会成员的生活以十分平静、正常的频率进行，特别是当社会利益日益多元化，人们与社会的利益联结，主要是以人们追求正当的个人利益为渠道的时候，就往往会是人们只看到自己的利益，而漠视全社会的整体利益。这样的时候，社会责任意识就会出现整体性的弱化。现在社会主义、集体主义、共同富裕讲得少了，"一切向钱看"一度成了时尚，大有"谁发财谁英雄，谁没财谁狗熊"的趋势。在这样一个曾被称作"花花世界"的大上海，徐虎不为灯红酒绿所惑，不以追金逐银为念，而把实现人生价值的追求，寓于持之以恒的为人民服务之中，应该值得每个人深思。

➡ "让"劳模

★★★★★

劳模评选又开始了。1992年评的是1991年的市劳模。

那天，普陀区房管局工会主席董素铭坐在办公室里，边抽烟边思考着一个重要问题。徐虎已经连续两届被评为上海市劳动模范和一届全国劳模了。今年评市劳模，推荐徐虎当然没问题。但"一花独放不是春，万紫千红才是春"。几年来，徐虎精神已在局系统得到发扬光大，不少"小徐虎"已经成长起来，尤以徐虎的徒弟王耀齐最为突出。如能把王耀齐推荐上去，成为"徐虎第二"，对这个局的工作，将是一个推动。

他主意打定，便骑了辆自行车，赶到段里找徐虎。

董素铭告诉他，组织上对评模工作很重视，他想听听徐虎的看法。

老董坐定后，喝了口水，便说："徐虎，你挂箱至今已经有8个年头，知名度越来越高，如今把你的徒弟也带出了山，在各自岗位做出了成绩。今年评劳模，我有个想法。"

徐虎是个聪明人，一听便知道老董的意思。他接口说："我徒弟王耀齐确实不错，不但手艺好，人也勤快。上次领导照顾他，把他家从杨浦迁到管弄新村后，他在管弄以个人名义一下子挂了三只夜间特约报修箱，特别不容易的是还公开自家的地址，作为第四报修点，真正做到随报随修。"

"徐虎，耀齐挂箱也坚持了4年，他不但学到你的技术，更可贵的是还学到了你数年如一日的韧劲儿。因此，这次评劳模局里想把耀齐推荐上去，不知你有什么想法？"

"耀齐坚持挂箱义务服务4年，所里也有些风言风语，说他是瞎忙，小小一个房管所，绝不可能出两个劳模。现在组织上考虑推荐他，我看很好。你放心，我只会高兴，不会有什么想法的。"

董素铭没想到徐虎表态会如此爽快，便情绪激动地说："徐虎，照理按你的知名度，我们写个材料，报到评模办，工作是很顺的，现在你同意把荣誉让给别人，我代表组织感谢你。"说着竟情不自

禁地起身握住徐虎双手，使劲摇了摇。

徐虎被老董的真诚感动了，眼角有些湿。他加重了语气："老董，我这么做，不是让劳模，小王工作成绩出色，理应推荐，他有这个资格。我在想，如果像王耀齐这样的劳模评得越多，那我们新村里的居民会越高兴，因为夜间义务维修这副担子，有众人来挑，得益的是广大人民群众。我一个徐虎纵然浑身是铁，也打不成几颗钉。"

于是，王耀齐的材料上报了。这一年，王耀齐评上了市劳模。

富有戏剧性的是，在西部企业集团，后来这种"让"劳模的事情一茬接着一茬。1994年评劳模时，董素铭又来找王耀齐。

于是，东新房管所的黄卫国、曹安房管所的蒋德宽也都成了劳模。他们成了"徐虎第三"、"徐虎第四"。

几年中，国家级的，省市级的，区局行业的，这里的劳模成了群。一人模范，带出先进成行。这是对出现在上海的"徐虎效应"的真实写照。如果说，徐虎是一颗升起在平凡岗位上的服务明星，那么，上海则有一片群星璀璨的星空。这片星空中的每颗星都有自己的位置、自己的运行轨迹。然而他们拥有一个共同的名字，叫"徐虎"。也许作为具体的、单个的人，他们的能量并不太大，他们的才智也并不杰出。但这样平凡而不平庸、普通却不失高尚的人多起来，我们民族的肌体就会更强健，我们民族的精神就会更振奋。与那些杰出的志士仁人一样，他们也无愧是"民族的脊梁"。

→ "徐虎兵团"在成长

★★★★★

夜空深邃，繁星点点。它给人遐想，自古以来文人墨客用以借景抒情；它实实在在，因为每颗星都有自己的位置，自己运行的轨迹；它微不足道，当皓月升空时，众多颗无名星缀成拱月之态，它们是那么默默无闻。

随着历史车轮的转动，1995年9月，青年报社和上海市房地局团委联合开展"呼唤徐虎——上海房地系统青年突击队百日立功竞赛活动"，其势如浦江之潮滚滚而来。1996年2月，上海在全市范围命名了顾声龙等首批14人为上海市房地系统的"小徐虎"，初步形成全市性的为民解忧"徐虎网络"。千万个"小徐虎"正在成长起来，形成一个庞大的"徐虎兵团"。徐虎如果收到外区报修电话和信件，一般就会通过语音信箱转到各区的"小徐虎"手里，得到迅速处理。

骑着车，小陈一路兴冲冲地赶去。这些日子，他越来越感到，代徐虎上门服务，有种说不出的愉快。服务对象客气是一方面，更重要的是居民一双双无比信任的眼睛，那种由衷的眼神，让他看来十分惬意。徐虎去市里开会了，这张安庆路的报修单子是他主动接过来的。

门敲了好一会儿，才有人出来开门。

"你是谁？找、找啥人？"开门的竟是一位80多岁的老太太，门虚掩着，显然老太太不想放人进去，说话的神态也有几分吃惊。

"喂，老妈妈，你们家不是报修水电吗？信我收到了，约好今天上门，我是代表徐虎来的。"

老人摇了摇头，依然一脸困惑："水龙头是坏的，但我并没有请你们来修。"

看看小陈态度十分诚恳，老太改口了："小同志，你在门外站一会儿，我去叫邻居来——他们刚好都在。水龙头要修，但侬要先讲好价钱。"老太对着窗口，朝左邻右舍喊了几声，一会儿来了几个妇女。老太太开门让她们进来，这才放心，她对小陈说："喏，现在大家都

做证明，你开个价吧。"

要不是面对的是一位老人，小陈真没这份耐心，他早扭头走了。现在那几个热心的邻居一站，他也只好"客随主便"了。

果然一位中年妇女先开口了："师傅，她家只有个孤老，你不要胡来，价钱先讲好，老人也就放心了。现在不要说上门服务宰客多，还有人冒充上门维修来作案的。一个孤老太太，怎么放心得下。"

"哦，原来如此，我说她家为啥报修了又不愿修呢？"说着，小陈掏出那封信让大家看。等念出报修信的名字后，邻居才告诉说，那是老太太的女儿写的，她本人不知道。

原来老太太住的是私房，这些日子水龙头坏了，放不出水来。女儿责怪她，开关水龙头不小心，给弄坏了，老太太为此很苦闷。女儿回到自己家中，心想：报纸上说，中山北路房管所有个修理工叫徐虎的，是个劳动模范，为群众办事很热心，我不妨给他写封信试试。于是，她投寄了一封信。

小陈听了邻居的话，心里一咯噔，这个女儿倒好，既然写了信，约好时间，怎么人不到场，害得老人惊吓一场。

一位50多岁的戴眼镜妇女见状说："徐虎蛮有名的，他们子女放得下心，所以也就不来了。"

小陈顺水推舟说："我就是代徐虎上门服务的，尽尽义务，钱一分不要。"老人和众邻居闻言，仍然不全信。天下哪有这么好的事啊？

水龙头放不出水，按经验，可能管道有石子、垃圾堵塞或是年久失修，管壁老化，可查下来都不是。小陈最后发现，是阀门芯子扭断了。他嘱咐邻居帮忙买来一只阀门，装上后，水哗哗地响了。老人乐开了怀，回厨房间捧出了一个大西瓜，当场切开，拣最大的一块捧到小陈面前。小陈摇头说："我不吃东西的，要吃东西不会到你这里来了。"他边说边把流到地上的水一点点擦干净。老人更是激动不已，摸出了50元钱，硬要塞到小陈口袋里。被拒绝后，她又动脑筋，从橱里取出两包红塔山硬要塞给小陈。

小陈一概拒绝，背起工具袋，开玩笑对老人说："你要谢，去谢徐虎好了。"说完，转身出门，骑上车走了。

1986年，王耀齐从外系统调入中山北路房管所，他初见徐虎时不禁觉得有些面熟。对，他想起来了。这位戴安全帽、身背工具包的徐虎就是电台、报纸上介绍的"全天候"水电维修工。

经领导安排，王耀齐当了徐虎的徒弟。在跟徐虎学艺期间，他耳熏目染了师傅的言行。他体会到，要做好水电维修养护工作，光有一手好技术不行，首先要有像徐虎那样一颗为人民服务的心。"徐

△ 上海西部集团的八位劳模在徐虎精神座谈会上按手模

虎是党员，我也是党员，我要向徐虎学习。"王耀齐
这样下决心。

1989年1月，当领导把他的住房从杨浦区调入管
弄新村后，他便立刻将学习徐虎的心愿化成具体行动。
他克服了家里孩子小、家务多的困难，在管弄新村也
挂出了三只夜间报修箱，并把家庭地址公布于众，实
行夜间义务服务。从此，当夜幕徐徐降临，王耀齐就
带着维修工具，穿梭般地在新村里巡视。谁家电灯不
亮，谁家下水堵塞，谁家就会出现他的身影。他像徐
虎一样，成了一名"没有夜晚的人"。

1989年盛夏，有天晚上热得透不出一丝风。午
夜12时，有人敲王耀齐的家门。熟睡之中，他一骨
碌爬起来，带上工具，赶到121弄19号。这时，整
幢楼全部断电，电扇不转，空调失灵，居民叫苦连天。

王耀齐修复到凌晨2点，解除了居民断电之苦。

当电灯齐明、人群欢呼时，王耀齐与居民一起分享了快乐。

一个隆冬的夜晚，西北风呼啸着卷起大雪，王耀齐带着一身疲惫在温暖的被子里熟睡了。夜里 10 点多钟，他被敲门声惊醒。一个居民来找他，说家中马桶堵塞，请他去修。他二话没说，拿起了工具便出门。寒夜的风吹在脸上，刀割似的疼。他赶到居民家中，一直干到半夜 12 点多，才疏通了马桶。

有人对他开玩笑说："耀齐，你何必去搞什么夜间服务，跟着人家屁股后转呢，你们中山北路房管所还想评双劳模？"

王耀齐淡然一笑，他不在乎这些。但党和政府不会忘记为人民做出贡献的人。王耀齐坚持夜间义务服务，三年后，他不仅评上了上海市劳动模范，还获得了全国五一劳动奖章，被群众亲切地称为"徐虎第二"。

继"徐虎第二"之后，普陀区东新村房管所又出现了"徐虎第三"。从部队复员的水电工黄卫国在徐虎精神的感召下，也勇敢亮出了"学徐虎见行动"的旗帜。来东新村房管所报修过水电的居民都知道，在这传达室楼梯旁有一间面积不到 7 平方米、被居民称为"值班室"的小屋。其实，这小屋不是报修点，而是黄卫国工作之余，为了方便居民报修，而将铺盖搬进来住的"值班"卧室。居民们之所以称它"值班室"，是因为它的主人一叫就应，不计时间，不计报酬，及时为广大居民排除了许多断水、断电之难，解决了许多居民住房上的后顾之忧和燃眉之急。

翻开黄卫国的夜间水电修理记录本，仅 1990 年 7 月到 10 月高温季节，他就完成了水电急修单 246 张。也就是说，他居所的门被敲过 246 次。这其中，晚上 10 点半以后去做的报修单就有 43 张。

黄卫国以其工作业绩后来也被评为上海市劳动模范、市新长征

△ 徐虎跟西部集团的"小徐虎"们传授工作经验

突击手，被人们称为"徐虎第三"。

我们再把目光转到普陀区曹安路房管所，当地居民都熟记 4283304 这个数字，它并不是 7 位电话号码，而是曹安第二管养段水电工蒋德宽所住新村、门牌和室号连成的服务代码。蒋师傅人高马大，干活劲头足，一接到报修，就及时为民解难，因此，当地居民尊称他为"我们地区的房修 119"。

那是早春的一个清晨，曹杨二村一幢居民楼自来水压力突然减小，楼上居民眼看就有断水之虑。蒋师傅带领所里工人，会同市自来水公司同志一起开挖地下水管。刚拆下 3 英寸粗的大凡儿，管内之水犹如脱缰野马呼啸冲上天空，直溅数米之外，只几分钟之内周围就成了水泽国。这突如其来的场面，连自来水公司的同志都惊呆了。这天气温接近冰点，只见蒋德宽脱去外衣，跳入齐腰深的水中，硬是用胸部顶着脸盆将水压下去。一次、二次、三次，手发麻了；四次、五次，浑身上下都浸透了；六次、七次，他终于调换上了新凡儿。房管所的生产大组长感动地说："我回去替你请功。"附近居民争着端来白酒、姜汤和棉衣。一位居民激动地说："我只在电影中见过王铁人跳入泥浆封井的镜头，哪想到今天看到了身边的真铁人。""沟管郎中"蒋德宽被誉为"徐虎第四"，也被评为上海市劳动模范。

而在徐虎所在的管养段，耳濡目染的陈荣福等小字辈，也在本职岗位甚得"嫡传真经"。他们说，徐虎还在一如既往地往前走，我们跟着他的脚印追。徐虎不觉得孤单，我们也备感充实。他们人人学徐虎，自 1987 年以来，这个班组获得过上海市模范集体、上海市优秀班组、全国学雷锋先进集体等光荣称号。

徐虎如同一颗璀璨的明星，在燃烧自己的同时，也用辐射的光芒为别人导航。

→ 徐虎转型

★★★★★

　　带着和过去几乎同一种款式的眼镜，每天乘坐830路公交车上下班，被誉为上世纪90年代活雷锋，在1998年红遍大江南北的徐虎，很快就要退休，走下工作的舞台了。

　　"这是我25岁时，这是我35岁时，那时都还没戴眼镜呢。这是45岁时候的照片，戴上眼镜10年的时候。现在，我的镜片有点像啤酒瓶底了。"徐虎调侃着自己眼镜的变迁，回忆着20年的岁月。

　　徐虎第一次以"眼镜男"的形象示人是在1985年，在此以前，徐虎的近视度数不到500度，因为不喜欢也不习惯戴眼镜，在生活工作中一直没有佩戴眼镜。"1985年，我第一次被评为上海市劳动模范，好几次，别人远远看到我就跟我点头微笑打招呼，而我却熟视无睹。事实上因为视程远我根本看不见，而等我们互相走近了，我向人家打招呼，人家又不乐意了，弄得我莫名其妙。"几次下来，很多人都向徐虎的领导提意见了：是不是评上劳模后眼睛长到天上去了! 架子怎么大了呢? 如此云云。为了消除这种消极影响，徐虎决定去配眼镜，那一年，徐虎 36 岁。

1996 年西部集团开通了旨在为普陀区居民群众服务的 24 小时"徐虎热线"。热线开通后，在沪上声名鹊起。徐虎非常看重这条以他名字命名的热线，时刻关注着热线的社会反响和真实效果。他经常与"徐虎热线"的同志们交流思想，谈自己对物业管理和服务的感受。如果有空，他还会拎起话筒直接和居民群众沟通，解答疑难问题，提供咨询服务。徐虎办公室的电话乃至家中的电话，都是"徐虎热线"的延伸。热线开通的 9 年间，每年都要收到各类报修、咨询电话 30000 个左右。不夸张地说，"徐虎热线"已成为居民业主心中的依靠和希望，成为社会和谐和行业形象的代名词。

1999 年底，徐虎终于圆了一个心愿，完成了华东师范大学的学业。怀揣着红彤彤的毕业证书，他萌发了一个念头，要学以致用，学用结合，用笔把自己的感受、想法和建议写下来。2002 年徐虎撰写的《论物业管理将走向大盘时代》一文，曾引起业内外的高度评价，被多家报刊转载，《解放日报》2002 年 8 月 22 日还特地向徐虎做了《做好准备迎接物管大盘时代》的专访。当时已经身为集团物业总监的徐虎，还在集团的《物业行风专报》上开辟了"徐虎观点"专栏，他的一些研究成果为 2004 年集团物业行风评议由以前的中游水平一举挺进全市三甲起到积极作用。

物业管理关系千家万户，在物业总监的岗位上，徐虎千百次地处理来信来访。一次，一位居民向有关方面上书反映，与他家一墙之隔的泵房噪声严重，影响了他家的正常生活。信件转来集团后，信访室的同志即按照程序转某物业公司进行处理。徐虎在检查小区工作时得知此事，便叫上公司分管领导一同前往居民家中了解情况，

△ 徐虎在夏令热线中回答居民提出的维修问题

经过现场勘查和论证，拟定了泵房内墙敷设隔声层的方案，施工后效果果然明显。居民后来得知解决他居住烦恼的就是大名鼎鼎的徐虎师傅，逢人就说："徐虎真是贴心人啊！"

2008年初，上海遭遇多年未见的雪灾天气，厚厚的积雪为居民出行带来了不便。徐虎主动请缨，天刚蒙蒙亮，就带头来到小区扫雪。他和他的同事总是在居民出行高峰来临之前，扫出一条宽敞的道路，博得了广大居民的好评。

在迎世博600天行动中，他率先垂范，深入社区，走上街头开展志愿服务活动。在便民摊点，他热情接待居民报修，上门解决疑难杂症，再现了老劳模关注民生、奉献群众的风采。在小区环境整治工作中，他不怕苦不怕累，与集团广大志愿者一起，整理小区乱停乱放的非机动车，捡拾花坛内的垃圾杂物，忙得汗流浃背，也不肯歇息。他还积极参加区总工会成立的劳模巡访团，对全区百家重点窗口服务单位进行定期巡访，示范督导。作为团长，他先后组织劳模巡访51次，提出重点整改建议3000余条。劳模巡访已成为普陀区打造窗口优质服务的强大推动力，提高了普陀区窗口服务的水平。

在普陀区大力开展迎、办世博问责制管理活动中，

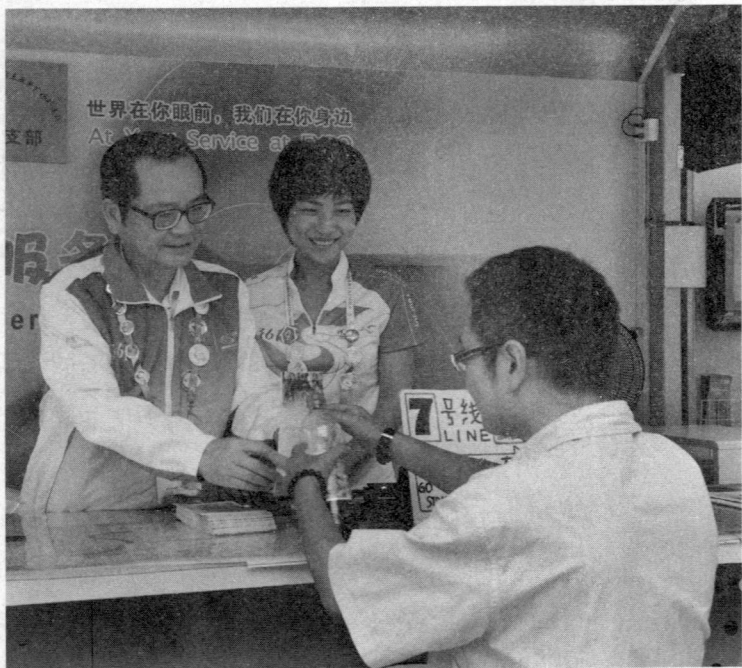

△ 世博会期间，徐虎和徐洋父女都当上了世博志愿者

根据集团部署和要求，徐虎不顾血压高，亲自带队，坚持每天走访宜川地块共 49 家沿街店铺，对经营中出现的脏、乱、差等情况及时指正，集团领导多次提醒他注意休息。世博会举办期间，徐虎还和女儿徐洋一道参加志愿者团队，希望能影响身边更多的人一起加入到为人民服务、为社会奉献的队伍中来。

徐虎说："我今年已经 60 岁了，临近退休，但'老牛自知夕阳晚，不用扬鞭自奋蹄'。只要党需要、事业需要，我将继续发挥作用。无论何时何地、何种身份，我都会以饱满的热情、坚定的意志、勤勉的精神和务实的态度努力工作，永远做时代的领跑者，为和谐社会的建设再做贡献。"

2010 年 12 月 29 日，徐虎志愿者服务工作室在西部集团普陀区房屋维修应急中心正式挂牌。在农历兔年春节来临前的最后一个双休日，家家户户正忙碌着置办年货，准备丰盛的年夜饭大餐，徐虎志愿者服务工作室的成员们却在小区门口开展便民服务。室外 -3℃，便民摊前却人头攒动，洋溢着一股春天的味道。

工作室的一名志愿者爱好书法，现场书写了迎新春联，受到居民的追捧。戴着厚眼镜、裹着棉衣的徐虎，在寒风中乐呵呵地看着每一位提着满载美好祝愿对联回家的居民，双手作揖道："新年好！合家幸福！"

居民也一个接一个地祝福他："徐虎师傅，好人平安！"

后 记

新时代希冀"徐虎式"公民责任意识的觉醒

自徐虎将三个报修箱挂到墙上后，每天19点，从此成为徐虎生命中一个重要的时间。每晚的这个时刻，当千家万户围坐在一起吃晚饭、看电视的时候，徐虎总会奔忙于去居民家中维修水电的路上，这一诺千金，从此风雨无阻。从1985年到1996年的11年间，他除了外出开会、住院开刀，从没有失信过。

徐虎总说："如果我不去准点开箱，就意味着将有家庭在断水、断电中度过不眠之夜，我自己定下的规矩得自己遵守啊。"有一回，家住管弄新村的居民夏成民的舅舅从台湾回上海探亲。由于房子老旧，家里的抽水马桶堵住了，一家人折腾了半天也没解决。这时，他想起了徐虎信箱。抱着试一试的想法，他给"夜间急修服务箱"投了张字条。没想到，徐虎果然带着工具袋上门了。

当时，在这片老的居民区的6000多户居民看来，虽然住的是陈旧、落后的简易公房，但只要有徐虎在，他们就不会陷入缺水断电的困境，不会做不成饭，看不成电视。"辛苦我一人，方便千万家"，这是徐虎给那个年代的自己所定下的人生信条。

方便了"大家"的同时，也就意味着放弃了"小家"。11年间的8个除夕夜，徐虎都没有和家人一起度过。因为他深知，越是节假日，用水用电量就越大，水电的故障就越多。

在记录徐虎事迹的过程中，笔者一直在想，当年雷锋、时传祥生活的时代，我国经济文化还相当落后，社会没有为个人发财致富提供太多的机会，雷锋、时传祥经历过旧社会的苦和新社会的甜，是党和人民给了他们第二次生命。要报答党的恩情，要努力为人民群众造福，这样一些朴素的感情使他们奋不顾身，乐于奉献；而徐虎则生活在一个改革开放、发展社会主义经济，每个人都有更多选择机会的时代。徐虎没有经历过由受压迫到当家做主，受奴役到扬眉吐气的感情历程，在这样一个背景下，徐虎能够十年如一日淡泊名利，甘于奉献，他的精神更具现实的社会意义。

在我们的身边，有着许许多多从事着工程建设、城市建设、村镇建设和建筑业、房地产业、市政公用事业等普通劳动者，工作分散，条件艰苦，待遇不高。许多是露天作业，尤其是城市房屋维修、公共交通、市容环卫、园林绿化、燃气、供热、自来水供应等"窗口"服务行业，服务性强，接触群众面广，和人们生活息息相关，工作的好坏直接影响到党和政府在群众中的形象。他们是那么平凡，日复一日、年复一年地从事着普通的工作，就像那水和电一样悄无声息地流进了千家万户，融入了广大群众的日常生活，用自己平凡的劳动融合着政府与百姓之间的感情，传送着党的关怀和温暖。"辛苦我一人，方便千万家"，群众需要这种精神，时代需要这种精神，建设社会主义宏伟大业需要这种精神。我们一定要使这种精神发扬起来，激励人们奋发有为，推动工作深入开展。

徐虎精神的核心，是爱岗敬业，无私奉献，全心全意为人民服务。徐虎讲得好："一个人的价值在于他应该尽可能多地为他人、为社会做有益的事。"正是在这种精神激励下，他在白天做好本职工作的同时，十几年如一日坚持业余时间挂箱服务，不分工休假日，不论风吹雨打，花费业余时间7400多个小时，为居民解决水电急修项目2100多个，极大方便了居民的生活。徐虎现象让我们再次思索制度与人的关系。随着经济体制改革向纵深发展，有利于发展生产力，有利于发挥人的社会积极性的各项制度不断地建立起来。但是制度不能代替人，制度的优化不能代替人的道德和精神追求。当"徐虎第二""徐虎第三""徐虎第四"，一个个普通劳动者自愿站了出来，按照徐虎模式向社会做出自己的承诺，形成了连成一片的"徐虎效应"时，对这个效应我们绝不应该低估，因为它反映了人心所向，反映了广大人民群众对美好的道德生活的渴望，对社会道德建设的信心。

此书在编写的过程中，得到了西部集团宣传部门的薛三元同志、陈泰明同志的大力支持，为此书付梓做出了努力。尤其要感谢徐虎原作者吴纪椿老师无私地把他的原作毫无保留地提供出来，在此一并致以谢忱。

/100位

新中国成立以来感动中国人物/

丁晓兵　马万水　马永顺　马恒昌　马海德　中国女排五连冠群体

孔祥瑞　孔繁森　文花枝　方永刚　方红霄　毛岸英

王　杰　王　选　王　瑛　王乐义　王有德　王启民

王进喜　王顺友　邓平寿　邓建军　邓稼先　丛　飞

包起帆　史光柱　史来贺　叶　欣　甘远志　申纪兰

白芳礼　任长霞　刘文学　刘英俊　华罗庚　向秀丽

廷·巴特尔　许振超　达吾提·阿西木　邢燕子　吴大观

吴仁宝　吴天祥　吴金印　吴登云　宋鱼水　张　华

张云泉　张秉贵　张海迪　时传祥　李四光　李春燕

李桂林和陆建芬夫妇　李素芝　李梦桃　李登海　杨利伟

杨怀远　杨根思　苏　宁　谷文昌　邰丽华　邱少云

邱光华　邱娥国　陈景润　麦贤得　孟　泰　孟二冬

林　浩　林巧稚　林秀贞　欧阳海　罗映珍　罗健夫

罗盛教　草原英雄小姐妹　赵梦桃　钟南山　唐山十三农民

容国团　徐　虎　秦文贵　袁隆平　钱学森　常香玉

黄继光　彭加木　焦裕禄　蒋筑英　谢延信　韩素云

窦铁成　赖　宁　雷　锋　谭　彦　谭千秋　谭竹青

樊锦诗

图书在版编目（CIP）数据

徐虎 / 林华岚编著. -- 长春：吉林文史出版社，
2012.12（2022.4重印）
（100位新中国成立以来感动中国人物）
ISBN 978-7-5472-1395-7

Ⅰ．①徐… Ⅱ．①林… Ⅲ．①徐虎－生平事迹－青年
读物②徐虎－生平事迹－少年读物 Ⅳ．①K828.1-49

中国版本图书馆CIP数据核字（2013）第001764号

徐 虎

XUHU

编著/ 林华岚

选题策划/ 王尔立　　责任编辑/ 王尔立 李洁华 任玉茗
装帧设计/ 韩璐
出版发行/ 吉林文史出版社
地址/ 长春市福祉大路5788号　邮编/ 130118
电话/ 0431-81629363　传真/ 0431-86037589
印刷/ 天津海德伟业印务有限公司
版次/ 2012年12月第1版 2022年4月第4次印刷
开本/ 640mm×920mm　1/16
印张/ 9　字数/ 100千
书号/ ISBN 978-7-5472-1395-7
定价/ 29.80元